N1合格!
日本語能力試験問題集
The Workbook for the Japanese Language Proficiency Test

N1 文法
スピードマスター

Quick Mastery of N1 Grammer
N1 语法 快速掌握
N1 문법 스피드 마스터

有田聡子・大久保理恵・北村優子・高橋尚子 共著

Jリサーチ出版

はじめに

　日本語能力試験（以下、能力試験）は2010年7月より「コミュニケーション能力」が重視される試験へと変わりました。文字・文法・語彙といった知識を、実際の場面で使えるかどうかを測る試験です。そこで、本書は新しい能力試験に対応した問題・模擬試験を用意しました。

　各文型は、能力試験に出題される頻度と実際の言語生活やコミュニケーションで使われる頻度を重視して選択しています。また、自然な表現を取り入れた例文が満載ですから、実際の生活でもすぐに使えることでしょう。数多くある文型を整理し、効率よく覚えられるようなグループ分けをしているので、学習の計画を立てるときに便利だと思います。試験前には、自分の実力を測るために模擬試験を活用してみてください。

　本書が、みなさんのＮ１合格という目標を達成する手助けになることを心より願っております。

著者一同

もくじ

はじめに ··· 2
もくじ ·· 3
日本語能力試験と文法問題 ·· 6
この本の使い方 ·· 8
ウォーミングアップ──復習ドリル 第1回～第7回 ···································· 10

PART 1 基本文型と表現のスタイルを覚えよう ·· 17
（◆の後にある文型は例）

A 判断や意志などを表す

- A-1 その内容によって結果や判断が左右されることを表す ◆～如何だ ··········· 18
- A-2 どんな状況・条件でも結論が変わらないことを表す仮定表現 ◆～うと ···· 20
- A-3 理由や事情を強調して判断を述べる ◆～手前 ··································· 23
- A-4 意向形「～う」を使った表現 ◆～ようがない ··································· 26
- ●実戦練習 第1回 ··· 28

- A-5 立場を示して、それについての判断を述べる ◆～とて ························ 30
- A-6 「だけ」を使った表現 ◆～だけは ·· 32
- A-7 「まで」を使って判断や考えをはっきり示す ◆～まで(のこと)だ ··········· 34
- A-8 「～ない」を使った間接的な言い方 ◆～以外の何物でもない ················· 36
- ●実戦練習 第2回 ··· 38

- A-9 二重否定や反語の表現 ◆～なくはない ·· 40
- A-10 硬い言い方 ◆～も差し支えない ·· 42
   条件を示す ◆～なしに(は)
- A-11 目的・目標とすることや意志を表す ◆～べく ································· 44
- A-12 「べき」「まじき」を使った表現 ◆～べくもない ····························· 46
- ●実戦練習 第3回 ··· 48

B 結果や状況、事実関係などを表す

- B-1 判断や行動の基礎になるものを表す ◆～に即して ····························· 50
- B-2 理由や事情を強調する ◆～がゆえ(に) ·· 52
   「実際は違うのだから」として、判断や意見を述べる ◆～ではあるまいし

B-3 想定されたことと実際とが違う様子を表す◆～(か)と思いきや ········· 54
　　意図したことができずに終わったことを表す◆～ずじまい
●実戦練習　第4回 ··· 56

B-4 二つの物事が間を置かずに起こる様子を表す◆～が早いか ········· 58
B-5 範囲について述べる表現◆～にとどまらず ······················· 60
　　物事の始まりや終わりを示す◆～を皮切りに(して)
B-6 ある状況や条件にあることを強調する◆～にして ················· 63
　　そのことは関係ない、気にしないということを表す◆～によらず
●実戦練習　第5回 ··· 66

C ものの様子や性質などを表す

C-1 大きさや量を強調する表現◆～からある ························· 68
C-2 「ごとく」を使った表現◆～のごとく ··························· 70
C-3 そのように感じられることを表す◆～(も)同然 ··················· 72
C-4 一面がそればかりである様子を表す◆～ずくめ ··················· 74
　　別のものが足されることでさらに特徴が増す様子を表す◆～とあいまって
●実戦練習　第6回 ··· 76

C-5 「ながら」を使った表現◆～ながら(に/にして/の) ················ 78
　　「～ばかり」を使った表現◆～とばかりに
C-6 連続する動作を表す◆～ては ··································· 80
　　はっきりしない様子を表す◆～ともなく
C-7 ある事柄が原因となって、新たな変化が強く引き起こされる様子を表す◆～ずにはおかない ··· 82
　　好ましくない傾向や性質があることを表す◆～きらいがある
●実戦練習　第7回 ··· 84

D 評　価

D-1 何かの状態や話者のある感情が最高のレベルにあることを表す◆～極まる ··· 86
D-2 大切で不可欠な存在であることを強調する◆～なくして(は)…ない ··· 88
D-3 価値や能力、可能性についての評価や判断を示す◆～に堪える ····· 90
D-4 「かい」を使った表現◆～かいがある ··························· 92
●実戦練習　第8回 ··· 94

E 感情・気持ち

E-1 強い感情や気持ちを表す◆～を禁じ得ない ······················· 96

E-2 結果や現在の状況に対する否定的・消極的な気持ちを表す ◆ 〜しまつだ ・・・・・・・・・・・・ 98
　　 現在または将来起こりうる状況を拒む気持ちを表す ◆ 〜てはいられない
E-3 驚きや感嘆、疑問などの気持ちを込める ◆ 〜といったら ・・・・・・・・・・・・・・・・・・・・・・ 101
● 実戦練習　第9回 ・・ 104

F 比較・例示

F-1 最低限の例を示して強調する ◆ 〜すら ・・・・・・・・・・・・・・・・・・・・・・・・・・・・・・・・・・・・・ 106
F-2 一つの例を示して、ほかにもあることを強調する ◆ 〜に及ばず ・・・・・・・・・・・・・・ 108
F-3 本題と違うために軽く扱う様子を表す ◆ 〜はさておき ・・・・・・・・・・・・・・・・・・・・・・ 110
　　 対照的なこと、期待や予想と異なることを表す ◆ 〜（の）にひきかえ
● 実戦練習　第10回 ・・・ 112

F-4 例を並べる ◆ 〜なり…なり ・・・ 114
F-5 二つのことを同時にすることを表す ◆ 〜かたわら ・・・・・・・・・・・・・・・・・・・・・・・・・ 118
● 実戦練習　第11回 ・・・ 120

G いろいろな機能を持つ語

G-1 「もの」を使った表現 ◆ 〜ものを ・・・ 122
G-2 「ところ」を使った表現 ◆ 〜たところで ・・・・・・・・・・・・・・・・・・・・・・・・・・・・・・・・・・ 124
G-3 「限る」を使った表現 ◆ 〜限りだ ・・・ 126
● 実戦練習　第12回 ・・・ 128

PART 2　復習と整理 ・・・ 131

表現のスタイルを覚えよう ・・・ 132
「文章問題」にチャレンジ！ ・・・ 136
基本文型一覧　N2〜N3レベル ・・ 138

PART 3　模擬試験 ・・ 149

第1回　模擬試験 ・・・ 150
第2回　模擬試験 ・・・ 154

さくいん ・・・ 158
本試験マークシート見本 ・・・ 162
解答用紙（模擬試験用） ・・・ 163

別冊 ── 解答／ことばと表現

日本語能力試験と文法問題

- ●目的：日本語を母語としない人を対象に、日本語能力を測定し、認定すること。
  ※課題遂行のための言語コミュニケーション能力を測ることを重視。
- ●試験日：年2回（7月、12月の初旬の日曜日）
- ●レベル：N5（最もやさしい）→ N1（最も難しい）

N1：幅広い場面で使われる日本語を理解することができる。
N2：日常的な場面で使われる日本語の理解に加え、より幅広い場面で使われる日本語をある程度理解することができる。
N3：日常的な場面で使われる日本語をある程度理解することができる。
N4：基本的な日本語を理解することができる。
N5：基本的な日本語をある程度理解することができる。

レベル	試験科目	時間	得点区分	得点の範囲
N1	言語知識（文字・語彙・文法）・読解	110分	言語知識（文字・語彙・文法）	0～60点
			読解	0～60点
	聴解	60分	聴解	0～60点
N2	言語知識（文字・語彙・文法）・読解	105分	言語知識（文字・語彙・文法）	0～60点
			読解	0～60点
	聴解	50分	聴解	0～60点
N3	言語知識（文字・語彙）	30分	言語知識（文字・語彙・文法）	0～60点
	言語知識（文法）・読解	70分	読解	0～60点
	聴解	40分	聴解	0～60点
N4	言語知識（文字・語彙）	30分	言語知識（文字・語彙・文法）・読解	0～120点
	言語知識（文法）・読解	60分		
	聴解	35分	聴解	0～60点
N5	言語知識（文字・語彙）	25分	言語知識（文字・語彙・文法）・読解	0～120点
	言語知識（文法）・読解	50分		
	聴解	30分	聴解	0～60点

※N1・N2の科目は2科目、N3・N4・N5は3科目

- ●認定の目安：認定の目安を「読む」「聞く」という言語行動でN5－N1まで表している。
- ●合格・不合格：「総合得点」と各得点区分の「基準点（少なくとも、これ以上が必要という得点）」で判定する。

☞くわしくは、日本語能力試験のホームページ〈http://www.jlpt.jp/〉を参照してください。

N1について

	N1のレベル
読む	●幅広い話題について書かれた新聞の論説、評論など、論理的にやや複雑な文章や抽象度の高い文章などを読んで、文章の構成や内容を理解することができる。 ●さまざまな話題の内容に深みのある読み物を読んで、話の流れや詳細な表現意図を理解することができる。
聞く	●幅広い場面において自然なスピードの、まとまりのある会話やニュース、講義を聞いて、話の流れや内容、登場人物の関係や内容の論理構成などを詳細に理解したり、要旨を把握したりすることができる。

文法問題の内容

	大問 ※1〜4は文字・語彙、 8〜13は読解問題		小問数	ねらい
言語知識・読解	5	文の文法1 （文法形式の判断）	○	10	文の内容に合った文法形式かどうかを判断することができるかを問う
	6	文の文法2 （文の組み立て）	◆	5	統語的に正しく、かつ、意味が通る文を組み立てることができるかを問う
	7	文章の文法	◆	5	文章の流れに合った文かどうかを判断することができるかを問う

◆以前の試験では出題されていなかった、新しい問題形式のもの
○以前の試験でも出題されていたもの

※小問の数は変更される場合もあります。

この本の使い方

◆パート1では、日本語能力試験によく出る文型を取り上げ、その基本的な意味と用法を学習していきます。

◆文型は、意味や機能をもとに全体をA～Gの7つのグループに分け、その中でさらにいくつかの小グループ（ユニット）を設けました。

◆練習問題は、それぞれのユニットの最後に「ドリル」を、各グループごとに1～3回、「実戦練習」を設けています。

◆最後に、仕上げとして、また実力チェックのため、模擬試験をします（2回）。

日本語能力試験の過去の出題（2004～2009年実施分）をもとに、出題の可能性について、次のように表示しました。

★なし…いつ出てもおかしくない
★…ときどき出る　★★…かなり出る
★★★…よく出る

📖 基本的な意味や、簡単な言葉で言い換えたもの。

✏ 文型の前後のつながりなど。

グループB 結果や状況、事実関係などを表す

B-1 ～に即して・～に即した／～をもって（～をもちまして）／～を踏まえて・～を踏まえた／～に則って

●判断や行動の基礎になるものを表す。

～に即して・～に即した ★★★

◆「～に合わせて」「～に合うように」という意味。
✏ 前には「判断や行動の基準になるもの」が来る。

1. 時代の変化に即して、法律の内容も改めなければならない。
2. 現状に即して、作業のマニュアルを作り変えた。
3. この映画は、事実に即したストーリーになっている。

Ｎ〈事実〉＋ に即して／た

●いっしょによく使うことば

事実　現実
現状　内容
状況　実態
流れ　変化
テーマ
方針　計画
｝に即して

～をもって（～をもちまして） ★★

◆①「～で」の意味で、物事の区切りを表す。②「～で」の意味で、手段・方法・基準などを表す。
✏ ①後には「物事の終了」などが述べられる。前には「形式や方法を表すもの」が来る。

1. 横浜店は、本日をもって閉店となりました。
2. これをもって、私の挨拶とさせていただきます。
3. 本日の営業は、午後9時をもちまして終了いたします。
4. この書類をもって正式な契約とします。
5. 本法案は、賛成多数をもって可決となりました。
6. 当選者の発表は、賞品の発送をもって代えさせていただきます。

Ｎ〈本日〉＋ をもって

●いっしょによく使うことば

本日　今日
今回
今月いっぱい
年内　これ
｝をもって

書類　書面
賞品の発送
賛成多数
｝をもって

※公式な文書や挨拶などで使われる。
「もちまして」はより丁寧な言い方。

◆この本で使う記号

V＝動詞（行く、見る、する、来る etc.）
A＝い形容詞（多い、高い、寒い etc.）
Na＝な形容詞（きれいな、元気な、楽な etc.）
[ふつう]＝普通形／普通体
 - Ⓥ：行く、行かない、行った、行かなかった
 - Ⓐ：多い、多くない、多かった、多くなかった
 - Ⓝa：きれいだ、きれいではない、きれいだった、きれいではなかった
 - Ⓝ：晴れだ、晴れではない、晴れだった、晴れではなかった

Ⓥる＝動詞の辞書形	Ⓥない＝動詞のない形
Ⓥて＝動詞のて形	Ⓥます＝動詞のます形
Ⓥた＝動詞のた形	Ⓥ可＝動詞の可能形
Ⓥている＝動詞のている形	Ⓥれる＝動詞の受身形
Ⓥう＝動詞の意向形	Ⓥふ＝動詞の普通形
Ⓥば＝動詞のば形	※「Ⓐふ」「Ⓝaふ」も同様

接続の形。（ ）内の語は具体例。

～を踏まえて・～を踏まえた ★★

◆「～を前提・判断基準・参考にして」という意味。
✐前には「判断や行動の基準になるもの」が来る。

1 今回の試験の結果を踏まえて、志望大学を決めた。
2 専門家の意見を踏まえた新しい災害対策が発表された。
3 工事計画は、現場の状況を踏まえて、一部が変更された。

Ⓝ（結果）＋ を踏まえて

●いっしょによく使うことば
結果　状況	
規則	
～の意見	を踏まえて
要望　経験	
歴史	

B
1

その文型とよく一緒に使われる語句。

～に則って ★

◆「基準として～に従って」「～を手本として」という意味。
✐前には「一定の形式やスタイルを持つもの」が来る。

1 結婚式は、彼の地方の伝統に則って行うことになった。
2 お金もうけも、ちゃんとルールに則ってやらなければならない。
3 両チームとも、スポーツマン精神に則って、最後まで全力で戦った。

Ⓝ（伝統）＋ に則って

●いっしょによく使うことば
伝統　法律	
形式　ルール	に則って
方針	

◆漢字かひらがなか、などの表記については、ある程度柔軟に扱っています。

ドリル

次のa, bのうち、正しいほうを選びなさい。

1 テーマ（a. に即した b. 即する）内容であれば、どんなタイプの本でもかまいません。
2 これらの公共事業が法律（a. に則って b. を則って）正しく行われているか、厳しいチェックが必要だ。
3 毎年行ってきたこのイベントも、今回（a. をもって b. をふまえて）最後となります。
4 代表選手は、特に国際大会での成績（a. を即して b. を踏まえて）選ばれることになる。
5 これからの家は、環境に優しいかどうか（a. を踏まえて b. をもって）造られるべきだ。
6 後日、書面（a. にもって b. をもって）正式な回答をさせていただきます。
7 10年近くこのマニュアルを使っているが、実態（a. と即して b. に即して）少し変えたほうがいい。
8 本日（a. をもって b. を踏まえて）、第三営業部に異動になりました。

ウォーミングアップ——復習ドリル

第1回

次の文の（　　　）に入れるのに最もよいものを、1・2・3・4から一つ選びなさい。

1　日本（　　　）、富士山が思い浮かびます。
　　1　といえば　　2　となると　　3　というものは　　4　とはいうものの

2　ここでは誰のミスか（　　　）、今後この問題にどう対応するかを考えましょう。
　　1　を問わず　　2　もかまわず　　3　はさておき　　4　にもかかわらず

3　話の結末が気になって気になって……。徹夜してでも最後まで読ま（　　　）よ。
　　1　ないこともなかった　　2　ざるを得なかった
　　3　ずにはいられなかった　　4　ずじまいだった

4　彼女は中学生の頃からきれいで大人（　　　）、いつも羨ましく思っていました。
　　1　げで　　2　っぽくて　　3　のみならず　　4　に相違なくて

5　ゆっくりではあるが、街づくりのプロジェクトが進み（　　　）。
　　1　たいものだ　　2　つつある　　3　ものがある　　4　にほかならない

6　山田さんは、ローマに3年住んでいた（　　　）、イタリア料理に詳しい。
　　1　くせに　　2　あまり　　3　ばかりに　　4　だけのことはあって

7　部下に仕事を頼んだところ、私の期待（　　　）、素晴らしい結果を出してくれた。
　　1　次第で　　2　につけ　　3　に応えて　　4　をはじめ

8　海外生活が長くなってしばらく（　　　）だけに、母の料理がとてもおいしく思えた。
　　1　食べる　　2　食べた　　3　食べられなかった　　4　食べないだろう

9　子供は表情がよく変わるね。さっき（　　　）かと思うと、もう笑っている。
　　1　泣く　　2　泣こう　　3　泣かない　　4　泣いていた

10　彼女は、ちょっとでも批判的なことを（　　　）ものなら、すぐに落ち込んでしまう。
　　1　言う　　2　言えよう　　3　言われた　　4　言われよう

第2回

次の文の（　　）に入れるのに最もよいものを、1・2・3・4から一つ選びなさい。

1　最近話題の映画を見に行ったが、面白い（　　　　）、つまらなくて寝てしまった。
　　1　一方で　　　　2　どころか　　　　3　はともかく　　　4　どころではなく

2　彼は何か（　　　　）、文句を言う人だ。
　　1　につけ　　　　2　を契機に　　　　3　に応じて　　　　4　に限って

3　人をだまし（　　　　）、出世したいとは思わない。
　　1　てこそ　　　　2　てまで　　　　　3　てでも　　　　　4　てもさしつかえなく

4　私に対するこういう母の厳しさも、愛情から（　　　　）。
　　1　における
　　3　というものでもない
　　2　にほかならない
　　4　にこしたことはない

5　私が友達に聞いた（　　　　）、この商品は返品が可能なようだ。
　　1　限り　　　　　2　限りは　　　　　3　限りでは　　　　4　に限って

6　銀行からお金を借りる（　　　　）、事業計画書を提出した。
　　1　折に　　　　　2　つつも　　　　　3　にあたって　　　4　こととなると

7　よく知り（　　　　）、他人を批判したりするんじゃない。
　　1　まいで　　　　2　を抜きに　　　　3　ことなく　　　　4　もしないで

8　私ではわかり（　　　　）ので、後ほど担当者からご連絡するようにいたします。
　　1　かねます　　　2　得ません　　　　3　きれます　　　　4　てはかないません

9　何とか（　　　　）と、いろいろな時計屋に修理を頼んだが、だめだった。
　　1　使えるようになるものか　　　　2　使ったものか
　　3　使えるようにならないものか　　4　使われるものか

10　彼は昼も夜も（　　　　）ことなく働いて、なんとか借金を返した。
　　1　休む　　　　　2　休まない　　　　3　休んだ　　　　　4　休まなかった

第3回

次の文の（　　　）に入れるのに最もよいものを、1・2・3・4から一つ選びなさい。

1　彼は自信があるみたいで、絶対にM大学に入って（　　　）と言っていた。
　　1　いる　　　2　みせる　　　3　ほしいものだ　　　4　てもさしつかえない

2　心配（　　　）よ。この病気は、手術さえすれば治りますから。
　　1　抜きです　　　2　しっこないです　　　3　だけましです　　　4　には及びません

3　あまりの（　　　）、今年初めて冷房を入れたよ。
　　1　暑さに　　　2　暑さからすると　　　3　暑さの上で　　　4　暑さに基づいて

4　行くつもりなのかどうなのか、本人に聞かない（　　　）わからない。
　　1　ことには　　　2　ものなら　　　3　かのうちに　　　4　だけあって

5　友達に誘われてコンサートに（　　　）、そのバンドの大ファンになった。
　　1　行って以来　　　2　行かない限り　　　3　行ったことだし　　　4　行ったかいがあって

6　そんな派手な色の上着を着る（　　　）、寒くても何も着ないほうがましだ。
　　1　からして　　　2　くらいなら　　　3　までして　　　4　末

7　何日も何日も（　　　）、婚約を解消することにしたんです。
　　1　考えた次第　　　2　考えたものの　　　3　考えのもとで　　　4　考えぬいた結果

8　厳しい（　　　）、部下のことを考えない（　　　）、部長は残業ばかりさせるんだ。
　　1　というか～というか　　　　　　2　にしろ～にしろ
　　3　やら～やら　　　　　　　　　　4　か～まいか

9　節電を心がけているけど、昨日の夜は暑すぎて、エアコンを（　　　）ではいられなかった。
　　1　つける　　　2　つけた　　　3　つけない　　　4　つけなかった

10　この時期が混むのはわかっていたのに……。早めに予約をし（　　　）べきだった。
　　1　ておく　　　2　ておかない　　　3　ておいた　　　4　ておかなかった

第4回

次の文の（　　　）に入れるのに最もよいものを、1・2・3・4から一つ選びなさい。

1 彼はバスケットボールの選手（　　　）、あまり背が高くない。
　　1　にしては　　　2　となると　　　3　にすれば　　　4　として

2 私が成功したのは家族（　　　）、応援してくださった皆さんのおかげです。
　　1　はもとより　　2　はというと　　3　にほかならず　　4　にもかかわらず

3 娘が試験を受けた日は、心配（　　　）何もできなかった。
　　1　げで　　　　　2　だけに　　　　3　のあまり　　　　4　せざるを得なくて

4 最初なんだから、メール（　　　）電話（　　　）、まずは挨拶をすべきだろう。
　　1　やら～やら　　2　にしろ～にしろ　3　では～では　　4　というか～というか

5 彼は周囲の注意も聞かず、無理をして働いた（　　　）、体を壊してしまった。
　　1　きり　　　　　2　以上　　　　　3　あげく　　　　　4　までして

6 神様じゃないんだから、こういうミスは誰にでも（　　　）ことだよ。
　　1　あり得る　　　　　　　　　　　　2　ある限りだ
　　3　あるものがある　　　　　　　　　4　あるにこしたことはない

7 電車の中で、人目（　　　）化粧をする女性が増えている。
　　1　を問わず　　2　もかまわず　　3　はともかく　　4　はさておき

8 彼女とは別れて、もう二度と会う（　　　）と固く心に決めた。
　　1　まい　　　　2　っこない　　　3　に相違ない　　4　得ない

9 子供を車の中に残して遊んでいるなんて、あまりにも（　　　）親だ。
　　1　子供の　　　2　無責任な　　　3　許せない　　　4　パチンコをする

10 彼はしばらく海外に行くことを（　　　）ばかりか家族にまで内緒にしていた。
　　1　友達　　　　2　友達の　　　　3　友達に　　　　4　友達にも

第5回

次の文の（　　　）に入れるのに最もよいものを、1・2・3・4から一つ選びなさい。

1　確かに、いつでも電話くださいと言ったけど、こう何度も夜中に電話を（　　　）。
　　1　かけまい　　　　　　　　　　　　2　かけがたい
　　3　かけられずにはいられない　　　　4　かけられてはかなわない

2　彼女はAコーチ（　　　）3年間練習を積んだ。
　　1　の上で　　2　につき　　3　のもとで　　4　に沿って

3　国際会議には、アメリカや中国（　　　）世界50カ国の代表が集まった。
　　1　限りは　　2　をはじめ　　3　からして　　4　をめぐって

4　彼女は英語が話せる（　　　）外国人とのやりとりを全部任されて、いつも大変そうだ。
　　1　あまり　　2　ことだし　　3　ばかりに　　4　からすると

5　今から秘密（　　　）、彼女にもう話してしまった以上、みんなに広まるのは時間の問題だよ。
　　1　にしては　　2　に先立って　　3　にあたって　　4　にしたところで

6　大人になる（　　　）、自由や権利も与えられるが、責任も自らで持つということだ。
　　1　とか　　2　というか　　3　ということは　　4　というものは

7　皆で力を合わせて、この美しい地球の自然を守っていこう（　　　）。
　　1　ではないか　　　　　　　　　　2　には及ばない
　　3　どころではない　　　　　　　　4　ないではいられない

8　大臣はまるで自分は何も知らなかった（　　　）言っているが、それはおかしい。
　　1　げに　　2　ながら　　3　くらいなら　　4　かのように

9　激しい戦い（　　　）、試合はAチームの勝利に終わった。
　　1　の末　　2　をする末　　3　だった末　　4　である末

10　「彼、留年が決まったんだって」「そうか。だから、昨日会ったとき元気が（　　　）んだ」
　　1　なさそう　　2　なかった　　3　ないかもしれない　　4　ないらしい

第6回

次の文の（　　　）に入れるのに最もよいものを、1・2・3・4から一つ選びなさい。

1 カルロスさんは、『ドラゴンボール』や『NARUTO』（　　　）日本の有名な漫画はだいたい持っている。
　　1　といった　　　2　といえば　　　3　というものは　　4　ということは

2 この辺りは電車が通ってない（　　　）、バスや車が重要な交通手段なんです。
　　1　こそ　　　　2　くせに　　　　3　だけに　　　　　4　ばかりに

3 写真を掲載する（　　　）、写っている人全員に許可をいただきました。
　　1　次第で　　　2　に際して　　　3　にしても　　　　4　一方で

4 留学では、言葉の問題（　　　）、生活スタイルや文化の違いから問題にぶつかることも多い。
　　1　を契機に　　2　かと思うと　　3　をめぐって　　　4　をはじめとして

5 一緒に遊ぶだけでなく、困ったときに助け合えるのが本当の友達（　　　）。
　　1　っぽい　　　2　というものだ　3　だけのことはある　4　ないこともない

6 買えない人がほとんどで、手に入った（　　　）なんだから、ちょっとぐらい悪い席でも我慢するしかないよ。
　　1　得る　　　　2　だけまし　　　3　かいがある　　　4　ではないか

7 ルールの改定（　　　）、さまざまな意見が出た。
　　1　に応えて　　2　に先立って　　3　を抜きに　　　　4　をめぐって

8 個人情報に関するご質問にはお答え（　　　）ので、ご了承ください。
　　1　しがたいです　2　しかねます　　3　せずじまいです　4　するには及びません

9 毎日忙しいが、たまには妻と二人で映画でも見に（　　　）ものだ。
　　1　行く　　　　2　行こう　　　　3　行きたい　　　　4　行けない

10 自ら努力を（　　　）限り、点数が伸びるわけがない。
　　1　する　　　　2　しよう　　　　3　しない　　　　　4　しなかった

第7回

次の文の（　　　）に入れるのに最もよいものを、1・2・3・4から一つ選びなさい。

1　父がだめだと言っている（　　　）、私にはどうすることもできないんです。
　　1　末　　　　2　以上　　　　3　折に　　　　4　にすれば

2　またメールするねと言って別れた（　　　）、彼女からは何の連絡もない。
　　1　きり　　　2　上で　　　　3　限り　　　　4　に際しては

3　悪いことだと知り（　　　）、彼の携帯に来たメールを読んでしまった。
　　1　ものの　　2　つつも　　　3　くせに　　　4　にもかかわらず

4　このゲームは人気があるので、発売と同時に（　　　）しまった。
　　1　売りきれて　2　売り抜いて　3　売ってみせて　4　売ったにおいて

5　東京はこの10年間で、街の様子がずい分変わった。一方で、いなかの実家のほう（　　　）、何も変わっていない。
　　1　はもとより　2　はさておき　3　はともかく　4　はというと

6　最近は女性（　　　）男性でも、毎朝お弁当をつくる人がいるそうだ。
　　1　だけに　　2　限りでは　　3　のみならず　　4　きりでなく

7　ただ作ればいい（　　　）。質の高いものを提供することが大切なんだ。
　　1　ないこともない　　　　　2　というものではない
　　3　ずじまいだ　　　　　　　4　ざるを得なかった

8　あの嬉しそうな顔（　　　）、彼はきっと合格したんでしょうね。
　　1　以上　　　2　をはじめ　　3　ばかりか　　　4　からすると

9　寝坊した息子は、ご飯を食べ終わるか（　　　）かのうちに、家を飛び出していった。
　　1　終わった　2　終わらない　3　終わろう　　　4　終わらなかった

10　お酒好きな（　　　）ことだ。パーティーに来ないわけがない。
　　1　彼の　　　2　彼という　　3　彼が来る　　　4　彼だろう

PART 1

よく出る基本文型

グループA　判断や意志などを表す

A-1　～如何だ／～如何で・～如何によって／～如何にかかわらず・～如何によらず／～如何を問わず／～にかかっている

● その内容によって結果や判断が左右されることを表す。

～如何だ

📖 「～がどうかによる」「～の内容次第だ」という意味。

✏️ 前には [その内容が問題となるもの] が来る。

1. 試験に合格できるかどうかは、皆さんの努力**如何**です。
2. この活動が町の人たちの理解を得られるかどうかは、私たちの働きかけ**如何だ**と思っている。
3. 周りが心配してもしかたありません。最終的には本人のやる気**如何**ですよ。

Ⓝ＋(の) ＋ 如何だ

● いっしょによく使うことば

[理由　結果]
[状況　努力] 如何だ

[～か～ないかは]
[～かどうかは　] …如何だ

● 似ている文型
～次第だ／～にかかっている

※ 「～次第だ」よりやや硬い表現。

～如何で・～如何によって ★

📖 「～がどうかによって」「～の内容によって」という意味。

✏️ 前には [その内容が問題となるもの] が来る。

1. 電話に出た社員の対応**如何で**会社の印象が決まってしまう。
2. 患者さんの気持ちの持ち方**如何で**、リハビリの効果も変わってきます。
3. 科目登録の変更については、その理由の**如何によって**は認める場合もあります。
4. トップの考え方**如何によって**、小さくても安定した企業をめざすか、より大きな利益とより大きな企業をめざすか、変わってくる。

Ⓝ＋(の) ＋ 如何で／によって

● いっしょによく使うことば

[理由　結果　　]
[やり方　対応　]
[努力　考え方　] 如何で
[内容　　　　　]

● 似ている文型
～次第で

～(の)如何にかかわらず・～(の)如何によらず／～(の)如何を問わず

◆「～がどうであるかに関係なく」という意味。

✎ 前に「いろいろな内容が考えられるもの」が来て、後で「その内容に影響を受けない」ことが述べられる。

1. 理由**の如何にかかわらず**、セール品の返品・交換はできません。
2. 採用結果**の如何にかかわらず**、応募書類は返却いたしません。
3. 内容**の如何によらず**、電話でのお問い合わせは受け付けておりません。
4. 状況**の如何を問わず**、駐車場でのトラブルについては、当店は責任を*負いかねます。*負うことができない。

Ⓝ(理由)＋(の)
　＋如何にかかわらず/
　　によらず/を問わず

Ⓝ(結果)＋(の)＋如何を問わず

● いっしょによく使うことば

結果	
理由	のいかん＋
状況	にかかわらず／
事情	によらず／
内容	を問わず
目的	
金額	

注 硬い表現で、ビジネス場面でよく使われる。

～にかかっている ★★

◆「～がどうであるかで結果が決まる」という意味。

✎ 前には「努力・能力・意欲・結果など、期待が寄せられるもの」が来る。

1. チームが優勝できるかどうかは、彼の活躍**にかかっている**。
2. 会社の将来は、新入社員の皆さんの努力と*創意工夫**にかかっています**。*新しいアイデアを考えたり工夫したりすること。
3. 続編を出すかどうかは、これがどれだけ売れるか**にかかっている**。

［ふつう］＋
　か(どうか)にかかっている
Ⓝ(試験)＋にかかっている

● いっしょによく使うことば

結果　努力	
やる気	
活躍　勝敗	にかかっている
肩　～如何	

ドリル

次のa, bのうち、正しいほうを選びなさい。

1　会議の結果（a. いかんでは　b. いかんには）、この企画は中止になる可能性もあります。

2　締切りが過ぎたものについては、理由のいかんに（a. かかわらず　b. かかって）受け付けません。

3　この仕事が成功するかどうかは、チームのみんなの努力に（a. かかわらず　b. かかって）います。

4　理由のいかん（a. によって　b. によらず）、入学金の返金はできません。

5　A社との交渉がうまくいくかは、部長の対応いかんに（a. かかっている　b. かかわる）。

6　内容のいかん（a. を問わず　b. に問わず）、会社の資料を持ち出すことは禁止されています。

7　理由のいかんに（a. かかわって　b. かかわらず）、欠席する場合は報告してください。

8　今の生活に満足するかどうかは、個人個人の考え方（a. にかかった　b. いかんだ）。

グループA　判断や意志などを表す

A-2
〜うと・〜うが／〜うが…まいが・〜うと…まいと／〜うが…うが・〜うと…うと／〜うが…なかろうが／〜といえども／〜とも

● どんな状況・条件でも結論が変わらないことを表す仮定表現。

〜うと・〜うが

📖 「どんなに〜しても、それと関係なく」という意味。
✏️ 後には「変わらない状況や意志」などが来る。

1. 誰が何をしようと、勝手でしょ。いちいち構わないで。
2. たとえ何年かかろうが、絶対この試験に合格したい。
3. お金がいくらかかろうと、親には最高の治療を受けさせたい。
4. どんなに反対されようと、留学するつもりです。
5. この先、どこに行こうと、ここでの経験は必ず役に立つと思います。
6. 一人でやるのは大変だろうが、ぜひ頑張ってほしい。

Ⓥう(何をしよう)＋と(も)／が
Ⓝa(大変)
Ⓝ(雨)　＋だろうと(も)／が

● いっしょによく使うことば

［たとえ　いかに
　どんなに　何を　　］〜(よ)うと
　誰と　何年

〜(よ)うと［関係ない
　　　　　かまわない
　　　　　同じだ　平気だ］

〜うが…まいが・〜うと…まいと

📖 「〜ても〜なくても、関係なく」という意味。
✏️ 後には「変わりない判断や意志」などが来る。

1. 信じようが信じまいが、これは本当にあったことなんです。
2. 雨が降ろうと降るまいと、試合は行われるようです。
3. 母が反対しようとしまいと、私はN大学を受けるつもりです。
4. 人が見ていようが見ていまいが、道にゴミを捨てたりしてはいけない。
5. 桜が咲いていようといまいと、来週末、花見に行くことになっている。

Ⓥう(行こう)＋が／と
Ⓥる(行く)＋まいが／と
※(Ⅱ・Ⅲグループ)Ⓥない(見)＋ようが
＋Ⓥない(見)＋まいが

● いっしょによく使うことば

〜うが〜うまいが［関係ない
　　　　　　　　かまわない
　　　　　　　　勝手だ
　　　　　　　　同じだ
　　　　　　　　〜つもりだ］

～うが…うが・～うと…うと

📖「～でも…でも、関係なく」という意味。
📎後には「変わりない判断や考え」などが来る。

1. 犬だろ**うが**猫だろ**うが**、父はペットを飼うことを許してくれませんでした。
2. 泣こ**うが**わめこ**うが**、この仕事は自分一人でやるしかない。
3. 家が近かろ**うと**遠かろ**うと**、関係ありません。遅刻しないように家を出てください。
4. 好きだろ**うが**嫌いだろ**うが**、健康のために野菜を食べたほうがいい。

Ⓥ1 う(泣こう) + が
　Ⓥ2 う(わめこう) + が
Ⓝ1 (犬) + だろうが
　Ⓝ2 (猫) + だろうが
Ⓐ1 (近) + かろうが
　Ⓐ2 (遠) + かろうが
Ⓝa1 (好き) + だろうが
　Ⓝa2 (嫌い) + だろうが

●いっしょによく使うことば

～が…が ［関係ない / かまわない / 勝手だ 同じだ / ～つもりだ］

～うが…なかろうが

📖「～でも…でなくても、関係なく」という意味。
📎後には「変わりない判断や考え」などが来る。

1. 会員だろ**うが**会員で**なかろうが**、当日はみんな２割引だそうです。
2. 重かろ**うが**重く**なかろうが**、荷物は手で持っていくしかない。
3. 得意だろ**うが**得意で**なかろうが**、取引先とは英語で話さなければならないんです。
4. 利益があろ**うがなかろうが**、この事業はやらなければならないんです。

Ⓝ (会員) + だろうが
　Ⓝ (会員) + でなかろうが
Ⓐ (重) + かろうが
　Ⓐ (重) + くなかろうが
Ⓝa (得意) + だろうが
　Ⓝa (得意) + でなかろうが

●いっしょによく使うことば

～が…が ［関係ない / かまわない / 同じだ / ～つもりだ］

～といえども ★★

📖「たとえ～でも」という意味。「～の場合でも状況や判断が変わらない」ことを表す。
📎前には「普通より有利なもの、期待できるもの」などが来る。

1. 教師**といえども**、うっかりして単純な間違いをすることはある。
2. 高級レストラン**といえども**、口に合わない料理はある。
3. 社長**といえども**、会社を私物化してはいけない。
4. 家族**といえども**、個人のプライバシーは尊重されなければならない。

Ⓝ (教師) + といえども

●いっしょによく使うことば

［プロ　教師 / 社長　家族 / 友達］ といえども

〜とも ★★

📖 「たとえ〜ても」という意味。「どんなに〜ても状況や判断が変わらない」ことを表す。

📎 後には「変わらない意志や判断を表す内容」が来る。

1. 親がどんなに反対しよう**とも**、私は自分の意志を変えない。
2. いかに便利であろう**とも**、コストがかかり過ぎるものはだめだ。
3. たとえ小さな家であろう**とも**、庭付きのマイホームがほしい。

```
Ⓥう(反対しよう)
Ⓝa(便利) + であろう  + とも
Ⓝ(小さな家) + であろう
```

● いっしょによく使うことば

```
[ たとえ
  いかに   ] 〜とも
  どんなに
```

ドリル

次のa, bのうち、正しいほうを選びなさい。

1. 最近仕事が忙しいので、日曜（a. といえども　b. とも）、休むことはできません。
2. 評価されようが評価され（a. まいが　b. ようが）、私は一生懸命やるだけです。
3. どんなに（a. 謝られようとも　b. 謝られまいと）、今回のことだけは許せません。
4. たかが100円（a. といえども　b. であるまいと）、無駄遣いをしてはいけません。
5. どこで何を（a. しまいが　b. しようと）勝手だが、人の迷惑になるようなことだけはするな。
6. 日本が勝とうが（a. 勝たない　b. 負けよう）が、私には関係ありません。
7. どんなにつら（a. かろうと　b. かれども）、彼は決してあきらめることはなかった。
8. 経験豊富な医者（a. でいようと　b. といえども）、がんを早期に発見するのは難しい。

グループA 判断や意志などを表す

A-3 ～手前／～とあれば／～となると／～ともなると・～ともなれば／～ばこそ

● 理由や事情を強調して判断を述べる。

～手前 ★

📖 ①「～という立場なので」という意味。自分の発言に反する行動はできないという気持ちを表す。②「～の前なので、～に配慮して」という意味。

✏️ ①前には「約束や宣言などの内容」、後には「とるべき行動や当然の判断」が来る。

1. 親の反対を押し切って留学をした**手前**、必ず卒業して帰って来るつもりだ。
2. 子供に部屋をきれいにしろと言った**手前**、私も掃除しないわけにはいかない。
3. 友達の誘いを断った**手前**、ほかの人とそこに行くわけにはいかない。
4. トマトが苦手なんですが、子供たちの**手前**、残すわけにもいかず、全部食べました。
5. 原さんの**手前**、ペットの話はしないようにしました。彼女、最近、愛犬を亡くしたんですよ。

① Ⓥる/た/ている（言った） ＋ 手前
② Ⓝ（子供たち）＋ の ＋ 手前

● いっしょによく使うことば

｜ 言う ｜
｜ 決める ｜ 手前
｜ 約束する ｜
｜ 宣言する ｜

｜ ないわけにはいかない ｜
｜ ざるを得ない ｜
｜ なければならない ｜
｜ するしかない ｜

～とあれば ★

📖「～という特別な理由なら」という意味で、「それに逆らうことはできない」という気持ちを表す。

✏️ 前には「強い力があり抵抗できないもの」が来る。

1. 恩師の頼み**とあれば**、断るわけにはいかない。
2. 病気がわかった時はショックだったが、これも運命**とあれば**、受け入れるしかない。
3. 彼らの演奏が生で見られる**とあれば**、仕事を休んででも行きたい。

［ふつう］＋ とあれば
（※名詞(N)は「Nとあれば」の形が多い）

● いっしょによく使うことば

｜ 必要 ｜
｜ 運命 ｜ とあれば
｜ ～の頼み ｜
｜ ～の誘い ｜

23

～となると ★★★

📖 「～という場合には」という意味の仮定表現。
✏️ 後には「判断を表す表現」が来る。

1. ときどき掃除するならいいけど、毎日**となると**大変だ。
2. 練習のときはいいけど、試合**となると**、いつも力が発揮できない。
3. ワンさんが行けない**となると**、代わりの人を見つけなければならない。
4. 海外に留学する**となると**、大変な費用がかかる。

Ⓥふ(行けない)
Ⓐふ／Ⓝふ　＋ となると
Ⓝ(試合)

● いっしょによく使うことば

[毎日 / ～のこと / ～の問題] となると [難しい / 話は別だ]

～ともなると・～ともなれば ★★★

📖 「～という特別な状況や立場の場合は」という意味。
✏️ 後には「当然の判断」が来る。

1. 首相**ともなると**、気軽に自由な行動はできない。
2. 結婚して50年**ともなると**、顔を見るだけで相手の気持ちが分かる。
3. 作業開始から10時間**ともなれば**、集中力が低下してくる。

Ⓝ(首相) ＋ ともなると

● いっしょによく使うことば

[～年 / 大学生 / 結婚] ともなると

～ばこそ ★★

📖 「～ということがまさに理由で」という意味。
✏️ 前には「行動や感情の元になるもの」が来る。

1. 愛していれ**ばこそ**、別れる決心をした。
2. 生徒たちのことを思え**ばこそ**、こうして厳しく言うのです。
3. 悲しみや寂しさを感じるのも、生きていれ**ばこそ**だ。

Ⓥば
Ⓐば＋ければ
Ⓝば＋であれば　＋こそ
Ⓝば＋であれば

● いっしょによく使うことば

[愛する　信じる / 心配する　思う] ばこそ

～ばこそ [～んです / ～のだ]

● 似ている文型
～からこそ

ドリル

次のa, bのうち、正しいほうを選びなさい。

1 信頼して（a. ばこそ　b. いればこそ）彼に大きな仕事を任せたのだ。

2 青木さんの頼み（a. とあれば　b. ともなれば）、忙しくても断れない。

3 高校生（a. でもなると　b. ともなると）、親に言えないことも出てくるだろう。

4 学生に厳しく注意した（a. 手前　b. ともなると）、教師が遅刻するわけにはいかない。

5 お祭り（a. ともなると　b. にもなると）、この辺りも大変にぎやかになります。

6 子供の教育のため（a. とあれば　b. にあれば）、多少お金がかかってもしかたがない。

7 旅行に行く（a. と言った　b. と楽しかった）手前、お土産を買って帰らないわけにはいかなかった。

8 昨日まで病気（a. であればこそ　b. だったとあれば）、旅行のキャンセルも仕方がない。

グループA　判断や意志などを表す

A-4 〜ようがない／〜ようもある／〜ようもない／〜うにも…ない

● 意向形「〜う」を使った表現。

〜ようがない

📖「〜しようとしても、それをする手段や方法がない」という意味。
✏️ 前か後に「〜するのを困難にする事情」などが示されることが多い。

1. ローマの印象を聞かれたけど、体調を崩してずっとホテルで寝ていたので、答え**ようがなかった**。
2. さっきの選手の演技は、文句のつけ**ようがない**くらい素晴らしかった。
3. A：この事故もまた、アクセルとブレーキを踏み間違えたのが原因だって。
   B：アクセルとブレーキなんて、間違え**ようがない**と思うんだけどなあ。
4. うーん、何とも言い**ようがない**不思議な絵だなあ。

Ⓥます（言います）＋ ようがない

● いっしょによく使うことば

言う ┐
救う │
間違える ├ ようがない
例える │
探す ┘

〜ようがない［くらい、ほど］…

注「［する動詞の名詞形］＋の＋しようがない」の形もある。
例 わかりにくいとは思うが、ほかに説明のしようがない。

〜ようも(／が／は)ある

📖「（ある条件なら）何とか〜する方法・手段がある」という意味。
✏️「実際は不可能または非常に困難であること」が直接、間接に示される。

1. 「ここ、いい店なのにいつも空いてる」「そうだね。もう少しやり**ようがある**と思うんだけどね」
2. がんの発見がもう少し早かったら、いろいろ治療のし**ようもあった**のに……。それが残念です。
3. 本のタイトルとか著者名とかがわかれば探し**ようもある**けど、去年話題になったというだけじゃ……。

Ⓥます（言います）＋ ようもある

● よくいっしょに使うことば

やる ┐
答える │
考える ├ ようもある
対策を立てる │
(→対策の立て) ┘

～ようも(/が)ない

📖 「(そうしたくても)～するための方法・手段がない」という意味。
✏️ 前の部分で「実現を困難にする状況」が示される。

1. 会社の経営にかかわることで、私たちには知り**ようも**な**かった**。
2. 車をどかしたかったけど、一人ではどうし**ようもなかった**。（＝解決する方法がなかった）
3. 何を悩んでいるのか、具体的に言ってくれないと、アドバイスのし**ようもない**。

Ⓥます(知ります) ＋ ようもない

●いっしょによく使うことば
[答える
  知る
  返事をする
  (→返事のし)　　　ようもない
  どうする
  (→どうし)]

注 ×どうしようがない

～うにも…ない

📖 「～したいという気持ちがあるが、それを許さない事情や状況があってできない」ことを表す。
✏️ 意志的な行為を表す動詞に付き、後に同じ動詞が来る。略される場合もある（例文3）。

1. 台風で電車が止まって、帰ろ**うにも**帰れ**ない**。
2. 彼女の携帯の番号がわからなくて、連絡をとろ**うにも**とれ**ない**。
3. 犯人を探そ**うにも**、手掛かりはこの切符だけだ。

Ⓥう(帰ろう) ＋ にも
 ＋ Ⓥ可(帰れる) ＋ ない

Ⓥう(探そう) ＋ にも …ない

●いっしょによく使うことば
[帰る
  出かける
  起きる　　うにも…ない
  探す
  誘う]

注 「Ⓥる＋にも＋Ⓥ可＋ない」（例 行くにも行けない）とほぼ同じ意味。

ドリル

次のa, bのうち、正しいほうを選びなさい。

1　大切な家族を事故でなくすなんて……。声の（a. かけ　b. かけて）ようもなかった。
2　留学のことを相談し（a. ようも　b. ようにも）、親の機嫌が悪かったので、できなかった。
3　旅行に（a. 行こうにも　b. 行こうもなく）、仕事が忙しくてなかなか休暇がとれない。
4　故障の原因さえわかれば、修理のし（a. ようもない　b. ようもある）はずだ。
5　パソコンに詳しくないので、彼の仕事を手伝おう（a. にも　b. でも）手伝えなかった。
6　もう少し具体的な質問なら、答え（a. ようもある　b. ようにもない）のですが……。
7　自然災害は（a. 防ぐこともない　b. 防ぎようもない）ことだが、事前の対策は必要だ。
8　となりの部屋がうるさくて、勉強に集中し（a. たいでも　b. ようにも）集中できない。

実戦練習 A-1、A-2、A-3、A-4

問題1 次の文の（　）に入れるのに最もよいものを、1・2・3・4から一つ選びなさい。

1　ネットで調べたいのですが、今パソコンが壊れていて（　　　）んです。
　1　調べるいかん
　2　調べるともなる
　3　調べようがない
　4　調べようもある

2　何でもいいと（　　　）、その色がいやだとは言えなかった。
　1　言うとあれば
　2　言った手前
　3　言ったといえども
　4　言うともなると

3　開催も3回目（　　　）、スタッフもすっかり準備に慣れています。
　1　いかんで　　2　にかかって　　3　ともなると　　4　といえども

4　チケットをお持ちでない方の入場は、理由の（　　　）お断りしております。
　1　反面　　2　次第　　3　如何を問わず　　4　手前

5　この会社でしか働いたことがないので、ほかの職場と（　　　）。
　1　比べるにかかっている
　2　比べようもない
　3　比べるいかんだ
　4　比べようもある

6　駅から大学までバスで30分以上かかる（　　　）、ここを少し早めに出たほうがいいね。
　1　にかかって　　2　限り　　3　だけあって　　4　となると

7　どんなに喧嘩を（　　　）、彼女はずっと私の一番の友人だった。
　1　するともなると
　2　しようにも
　3　するまいが
　4　しようが

8 さすがに10月（　　　　）、この服ではちょっと寒い。
　1　どころか　　　2　ともなると　　　3　のいかんによらず　　　4　いかんで

9 私は事情を知らないので、何を聞かれても（　　　　）。
　1　答えいかんだ　　　　　　　　2　答えにかかっている
　3　答えようがない　　　　　　　4　答えようもある

10 たとえ親（　　　　）、どうしても話したくないことはある。
　1　といえども　　2　ともなると　　3　の手前　　4　とあれば

問題2　次の文の＿★＿に入る最もよいものを1・2・3・4から一つ選びなさい。

1 雨だろうが　＿＿＿　＿＿＿　★　＿＿＿　行かなければならない。
　1　晴れ　　　2　だから　　　3　仕事　　　4　だろうが

2 この仕事の　＿＿＿　＿＿＿　★　＿＿＿　ならない。
　1　出勤しなければ　　　　　2　如何によっては
　3　日曜も　　　　　　　　　4　状況

3 どんなに　＿＿＿　＿＿＿　★　＿＿＿　ものです。
　1　返事くらいは　　　　　　2　してほしい
　3　メールの　　　　　　　　4　忙しかろうが

4 娘のことが　＿＿＿　＿＿＿　★　＿＿＿　厳しく叱ります。
　1　大切で　　2　あればこそ　　3　したら　　4　悪いことを

5 大切な友人の　＿＿＿　＿＿＿　★　＿＿＿　いかない。
　1　頼み　　2　手伝わない　　3　とあれば　　4　わけには

グループA 判断や意志などを表す

A-5 〜とて／〜なりに・〜なりの／〜たるもの／〜ともあろうものが

● 立場を示して、それについての判断を述べる。

〜とて ★

📖 「〜であっても」という意味。「人や立場が違っても事情は同じだ」ということを強調する。

✏ 前には「立場や場合を示す人や組織」などが来る。

1. 国を思う気持ちは、私**とて**皆と同じだ。
2. 女性が夜一人で歩くのが危ないのは、日本**とて**同じです。
3. 彼ら**とて**、今の状況に決して満足しているわけではない。
4. ベテランのスタッフが二人もやめたら、会社**とて**困るだろう。

Ⓝ（私）＋ とて

● いっしょによく使うことば

［ 私　彼　彼女
　こちら　Aさん　　］とて
　外国人　日本

〜なりに・〜なりの ★★★

📖 「〜に応じて」「〜にふさわしい形で」という意味で、「不足はあるが、できる範囲で」という気持ちを含む。

✏ 前には「(立場を示す)人」や「状況・事情」が来る。

1. 私**なりに**、このお祭りの紹介文を書いてみました。
2. 材料が少ない**なりに**、ちゃんとした料理ができた。
3. 頑張れば頑張った**なりに**、何かが得られると思う。
4. 心配いりません。スキーは初めてという方でも、それ**なりに**楽しめますから。
5. パーティーに行くんだったら、それ**なりの**格好で行かないと笑われるよ。
6. ちょっと難しい本ですが、自分**なりの**解釈で読んでみました。

Ⓥふ／Ⓐふ／Ⓝaふ ＋ なりに
（※Ⓝaだ）

Ⓝ ＋ なりに

● いっしょによく使うことば

［ 私　自分　彼
　子供　若い　　　］なりに／
　幼い　それ　　　　なりの

〜たるもの ★★

◆「〜という立場にある者は」という意味。
◆後には「それにふさわしいと一般的に考えられる行動や態度」が来る。

1. 教師**たるもの**、生徒の模範となるよう、良識ある大人でなければならない。
2. 政治家**たるもの**、自分の言葉には責任を持つべきだ。
3. 昔はよく、「男子**たるもの**、人前で涙を見せてはいけない」と言われていた。

Ⓝ（教師）＋ たるもの

●いっしょによく使うことば
[教師　指導者　政治家
  国会議員　男子　女性
  教育者　学生]

〜たるもの [〜べきだ
            〜なければならない]

注 硬い表現で、主に文書やスピーチで使われる。また、「〜たる者」とも書く。

〜ともあろうものが

◆「〜のような立場・地位の人が」という意味で、「それほどの人がするべきことではない」という驚きや非難を表す。
◆後には「驚いたり呆れたりした事柄」が来る。

1. 大学生**ともあろうものが**こんな字も読めないなんて、情けない。
2. 警察官**ともあろうものが**酒に酔って暴れるとは、*けしからん話だ！　　*非常によくない、許せない
3. 山田さん**ともあろう人が**こんなミスをするなんて、疲れていたのかなあ。

Ⓝ（大学生）＋ ともあろうものが

●いっしょによく使うことば
[大学生
  警察官
  首相　　　　　ともあろうものが
  大学教授
  プロ(の選手)
  Aさん]

〜ともあろうものが [こんな
                    どうして
                    〜なんて
                    〜とは]

注「〜ともあろう者/人」とも言う。

ドリル

次のa, bのうち、正しいほうを選びなさい。

1　その行動は、彼（a. なりに　b. とて）判断してやったことだ。
2　いい加減な政治家を見て腹立たしく思うのは、子供（a. なりに　b. とて）同じだろう。
3　何も言わないのは彼女（a. なりに　b. なりの）優しさなのだろう。
4　店長（a. とも　b. とて）あろうものが、店のメニューを覚えていないなんて、情けない。
5　社長（a. ともあろうものが　b. たるもの）、社員の利益を一番に考えるものだ。
6　親（a. ともあろうものが　b. たるもの）、子供に暴力をふるうなんて、信じられない。
7　彼（a. とて　b. たるもの）人の子だ。親のことが心配なんだろう。
8　一流レストランの調理人（a. とて　b. ともあろうものが）、味付けを失敗することもある。

グループA　判断や意志などを表す

A-6　〜だけは／〜だけに／〜だけまし

●「だけ」を使った表現。

〜だけ(は) ★

📖 ①「ほかはいいとして〜は」「ほかと違って〜は」という意味。
②「〜だけは〜」の形で「一応／とりあえず〜する」という意味。

✎ ②前と後に同じ動詞が来る。

1 〈パーティーで〉森先生はえらい先生だから、挨拶**だけは**しておいたほうがいいよ。(①)

2 「明日バイト休みたいけど、無理だよね」「たぶんね。でも、聞く**だけ**聞いてみれば？」(②)

3 「試験、どうだった？」「うん……一応、書く**だけ**書いたけど、内容には自信がない」(②)

Ⓝ(挨拶) ＋ だけは
Ⓥる(書く) ＋ だけは ＋ Ⓥる(書く)

● いっしょによく使うことば
[せめて / 一応 / とりあえず] 〜だけは

㊟ 慣用的な表現に「やるだけのことはやる」がある。
例 やるだけのことはやったから、あとは結果を待つしかない。

〜だけに ★

📖 「〜ということもあって当然／余計に／なおさら」という意味。

✎ 前には「現在に至るまでの状況や経験」などが来る。

1 彼は中国に3年間住んでいた**だけに**、中国語がかなり上手だ。

2 A社の倒産は、関連企業が多い**だけに**、影響が心配される。

3 給料が上がると期待していた**だけに**、そうならなくてショックだった。

4 10年間子供ができなかった**だけに**、妊娠した時はとても嬉しかった。

[ふつう] ＋ だけに

～だけまし ★

◆「あまりよくない状況だが、～ので最悪ではない」という意味。最悪の事態を避けられてよかったという気持ちを含む。

✏ 前の部分で「希望どおりではない状況」を述べることが多い。

Ⓥふ／Ⓐふ／
Ⓝaふ／Ⓝふ ｝+ だけまし

● いっしょによく使うことば
～だけまし ［だと思う／かもしれない］

1〈人気のチケット〉後ろのほうの席だけど、それでも買え**ただけまし**だった。

2 評価が低くてがっかりしたけど、落第しなかった**だけまし**だと思うことにした。

3 世間には職がなくて困っている人も大勢いるからね。仕事がある**だけまし**なんだと思う。

ドリル

次のa, bのうち、正しいほうを選びなさい。

1 もうだめだと思っていた（a. だけに　b. だけは）、合格の知らせを聞いて、飛び上がるほどうれしかった。

2 まだお祭りをやってるかどうか、わからなかったけど、（a. 行くだけ　b. 行くだけに）行ってみた。

3 給料はそんなによくないけど、就職できた（a. だけましだ　b. だけはいい）と思っている。

4 今後何があるかわからないから、貯金（a. だけは　b. のだけは）しておいたほうがいい。

5 一応、（a. 応募　b. 応募する）だけ応募してみたら？　100パーセントだめってことはないと思うよ。

6 このテレビは安かった（a. だけに　b. だけは）、すぐに壊れてしまった。

7 この大臣もあまりいいとは思わないけど、まじめそうな（a. だけましだ　b. だけにいい）。

8 うちは古い家な（a. だけに　b. だけは）、大きな台風が来ると、ちょっと心配だ。

グループA 判断や意志などを表す

A-7 〜まで（のこと）だ／〜までもない／〜ないまでも／〜ばそれまでだ

●「まで」を使って判断や考えをはっきり示す。

〜まで（のこと）だ ★

① 「〜ということ以外に方法がない」という意味で、意志を示す。
② 「〜ということ以外に意味はない」という意味で、自分の立場や行動を説明する。

① 前には「意志を表す内容」が来る。
② 前には「自分が行ったこと」が来る。

1. 今回不合格だったら、また次の試験を受ける**までだ**。（①）
2. これだけ努力してもだめだったら、しょうがない。その時はあきらめる**までだ**。（①）
3. 詳しいことはわかりません。会社の指示どおりにやった**までです**。（②）
4. 嘘じゃないよ。本当のことを言った**までだ**って。（②）

① Ⅴる（あきらめる） + までだ
② Ⅴた（やった） + までだ

注 目上の人にはあまり使わないほうがいい。

〜までもない ★

「当然〜する必要もない」という意味。

前には「具体的な動作や少し手間のかかること」などが来る。

1. 〈レストラン〉平日だから、わざわざ予約する**までもない**だろう。
2. メールで十分だよ。わざわざ会って話す**までもない**。
3. 使い方はマニュアルを見ればわかるので、店員の説明を聞く**までもない**。
4. 言う**までもなく**、未成年がお酒を飲むのは違法です。
  ※慣用句的表現

Ⅴる（予約する） + までもない

● いっしょによく使うことば

[わざわざ / 言う　聞く / 行く　会う / 調べる] までもない

～ないまでも ★

◆「～というレベルには達しなくても」という意味。

✎ 前には「十分なレベルの変化や状態」などが来る。

1. 毎日とは言わ**ないまでも**、せめて週に1回くらいは掃除をしたほうがいい。
2. そのお客さんは、怒ら**ないまでも**、不満そうな様子ではあった。
3. 箱の中のリンゴは、全部とは言わ**ないまでも**、半分以上が腐っていた。

Ⓥない（怒らない） + までも

● いっしょによく使うことば

$\begin{bmatrix} 言う \\ 怒る \\ 泣く \end{bmatrix}$ ないまでも $\begin{bmatrix} 少しは \\ やはり \end{bmatrix}$

～ばそれまでだ ★

◆「もし～したら、それですべて終わる」という意味。「無駄になる、意味がない」という気持ちを含む。

✎ 前には「何かが終わる状況」が示される。

1. どんなに高い電気製品を買っても、壊れてしまえ**ばそれまでだ**。
2. たとえ思っていても、口に出して言わなけれ**ばそれまでだ**よ。ちゃんと相手に伝えないと。
3. 辛いことも楽しいこともあったけど、過ぎてしまえ**ばそれまでです**ね。今は懐かしいだけです。

Ⓥば（壊れれば） + それまでだ

● いっしょによく使うことば

$\begin{bmatrix} ～と言えば \\ 言われれば \\ ～てしまえば \\ ～なければ \end{bmatrix}$ それまでだ

ドリル

次のa, bのうち、正しいほうを選びなさい。

1. （a. 言う　b. 言った）までもなく、借りたお金は返さなければいけません。
2. 台風が来るなら、仕方がない。運動会は（a. 延期する　b. 延期したほうがいい）までだ。
3. 彼は事業に成功して、月に100万とは言わない（a. までの　b. までも）80万円くらいは稼いでいるそうだ。
4. それはもう決まったことだから、今さら話し合う（a. までもないだろう　b. までだろう）。
5. 家に使っていないのがあるんだから、わざわざ新しいのを買う（a. までもない　b. までだ）。
6. いくら財産がたくさんあっても、（a. 死んでしまえばそれまでだ　b. 死ぬまでもない）。
7. 彼は、映画の日本語が100％とは（a. 言わないまでも　b. 言うまでだが）90％は理解できる。
8. 時間がなかったから行かなかった（a. までだ　b. までもない）。興味がなかったわけじゃない。

グループA　判断や意志などを表す

A-8 ～以外の何物でもない／～と言っても過言ではない／～に越したことはない

● 「～ない」を使った間接的な言い方。

～以外の何物でもない

📖 「まさに～だ」「本当に～だ」という意味で、非難の気持ちを込めて、強調して言う言い方。
✎ 前には「不快な気持ちを表す語」が来る。

1 こんなくだらない番組を見るのは、時間の無駄**以外の何物でもない**。

2 カラオケで下手な歌を聴かされるのは、苦痛**以外の何物でもない**。

3 こんな夜中に掃除機をかけるなんて、迷惑**以外の何物でもない**。

Ⓝ（迷惑）＋ 以外の何物でもない

● いっしょによく使うことば

偏見
苦痛
迷惑　　以外の何物でもない
無駄
非常識
自己満足

～と言っても過言ではない

📖 「～と言うことも大げさではない」という意味。
✎ 前には「評価や判断の内容を表すもの」が来る。

1 この小説は、彼女の最高傑作**と言っても過言ではない**。

2 20代前半でこれだけの会社をつくった彼は、天才**と言っても過言ではない**だろう。

3 彼の研究は、まさにがん治療に革命を起こした**と言っても過言ではない**。

4 その人に対する基本的な評価は、初めて会った時の印象でほぼ決まる**と言っても過言ではない**。

［ふつう］＋ と言っても過言ではない
Ⓝ ＋ と言っても過言ではない

～に越したことはない

📖「～するのがベストだ」という意味。

✏️ 前には「一般に、そうであるのが望ましいと思われること」が来る。

1. スーツケースは軽い**に越したことはない**けど、丈夫でなければ困る。
2. タバコは健康に悪いし、お金もかかるし、やめる**に越したことはない**よ。
3. 天気予報は一日曇りだったけど、用心（する）**に越したことはない**から、折りたたみの傘を持ってきた。
4. そりゃ、新品**に越したことはない**けど、中古でもかまわない。

Ⓥる/ない
Ⓐ/Ⓐない
Ⓝ/Ⓝ ＋（である/でない）
　＋（こと）に越したことはない

Ⓝ＋な＋こと
　＋に越したことはない

● いっしょによく使うことば

| 早い |
| 安い |
| 新品 | に越したことはない
| 用心（する） |
| 気をつける |

注 慣用的な表現「～ば～に越したことはない」もよく使われる。
例 早ければ早いに越したことはない。

A-8

ドリル

次のa, bのうち、正しいほうを選びなさい。

1. 社長はプレゼンの神様と（a. 言えば　b. 言っても）過言ではないほどプレゼンテーションがうまい。
2. こんな悲惨な事故の中を生き抜いたなんて！　これは奇跡（a. 以外　b. 以上）のなにものでもない！
3. 店の前で集まって騒ぐなんて、営業妨害以外のなにもの（a. にもない　b. でもない）。
4. 同じものを買うなら（a. 安くて　b. 安いに）越したことはない。
5. 夜遅くに訪ねてくるなんて、非常識（a. と言っても過言　b. 以外のなにもの）でもない。
6. この辺りは道が狭いので、ゆっくり運転する（a. に越したことはない　b. を越したことはない）。
7. こんなに忙しくなってしまったのは、自分のせい以外の（a. なにものでもない　b. なにものだろう）。
8. インターネットは、私たちの生活を一変させたと言っても過言（a. のなにものでもない　b. ではない）。

実戦練習　A-5、A-6、A-7、A-8

問題1　次の文の（　　　）に入れるのに最もよいものを、1・2・3・4から一つ選びなさい。

1　現在、数学の教師である私（　　　）、小学生のころは算数が苦手だったんです。
　1　たるもの　　2　なりに　　3　だけは　　4　とて

2　できないならできない（　　　）、「がんばろう」と努力することが大事だ。
　1　なりに　　2　だけに　　3　なり　　4　だけ

3　経営者（　　　）、常に時代の流れに敏感でなければならない。
　1　ともあろうものが　　2　たるもの
　3　とて　　　　　　　　4　なりに

4　今回の試験では、買う（　　　）買っておいた問題集が意外と役に立った。
　1　ところ　　2　ばかり　　3　だけ　　4　まで

5　後ろの車に追突されて愛車がひどい状態になったけど、体が（　　　）だけましだと思うことにした。
　1　無事　　2　無事の　　3　無事だ　　4　無事な

6　電車が動かないんなら、しかたない。家まで二駅だし、歩いて（　　　）。
　1　帰るまでだ　　　　　　2　帰るまでもない
　3　帰ればそれまでだ　　　4　帰らないまでだ

7　どんなにお金や時間をかけて作った料理でも、食べてしまえば（　　　）。
　1　それまでだ　　2　だけだ　　3　ないまでだ　　4　以外のなにものでもない

8　忘れっぽいほうだけど、家族の誕生日（　　　）は一度も忘れたことがありません。
　1　まで　　2　だけ　　3　ばかり　　4　さえ

9 ブランドものの時計をいくつも買って並べて見るなんて、自己満足（　　　）ね。
　1　以外の何物でもない　　　　2　に越したことはない
　3　までもない　　　　　　　　4　だけまし

10 あんなところでクマに出合うことはないと思うけど、一応、気をつける（　　　）よ。
　1　以外でもない　　　　　　　2　までもない
　3　だけだ　　　　　　　　　　4　に越したことはない

問題2　次の文の　★　に入る最もよいものを1・2・3・4から一つ選びなさい。

1 ＿＿＿ ＿＿＿ ★ ＿＿＿ そんなひどいことを学生に言うなんて！
　1　ものが　　2　とも　　3　教授　　4　あろう

2 森さんは ＿＿＿ ＿＿＿ ★ ＿＿＿、体力には自信があるそうだ。
　1　していた　　2　10年間　　3　だけに　　4　サッカーを

3 野球を見に行ったらボールが当たっちゃって……。＿＿＿ ＿＿＿ ★ ＿＿＿、当たったところがまだ痛い。
　1　だけど　　　　　　　　　　2　言われれば
　3　運が悪かったと　　　　　　4　それまで

4 何か物を贈ったりする ＿＿＿ ＿＿＿ ★ ＿＿＿ いいと思うよ。
　1　必要はない　　　　　　　　2　したほうが
　3　お礼の電話くらいは　　　　4　までも

5 パンを中心にした学校給食が、日本の食生活を ＿＿＿ ＿＿＿ ★ ＿＿＿ だろう。
　1　過言ではない　　　　　　　2　言っても
　3　変えたと　　　　　　　　　4　大きく

グループA　判断や意志などを表す

A-9　～なくはない・～なくもない／～ざるを得ない／(これが)～でなくて何だろう

● 二重否定や反語の表現。

～なくはない・～なくもない

◆「全く～ないということではない」「～する場合・部分もある」という意味。

✎ 逆接で続けて、意見や判断を述べることが多い。

1. 彼の言っていることもわから**なくはない**けど、やはりこの計画は無理だと思う。
2. その服も似合わ**なくはない**けど、こっちのほうがもっと似合うよ。
3. これも重要で**なくはない**んですが、今すぐやらなくてもいいんです。
4. 機械を動かすという方法も**なくはない**んですが、機械を動かせる人がいないんです。
5. 自分で修理でき**なくもない**けど、やはりプロに任せたほうが安心だ。
6. 自分にもこういう時期があったから、息子の気持ちはわから**なくもない**。
7. 最近カラスが減っていると聞いたが、確かにそんな気がし**なくもない**。

Ⓥない(わから<s>ない</s>)
Ⓐない(おいしく<s>ない</s>)
Ⓝa(重要) ＋ で
Ⓝ(方法) が
　　　　　＋ なくはない

● いっしょによく使うことば

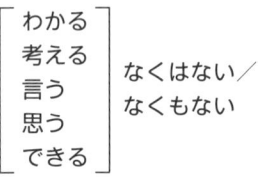

[わかる
  考える
  言う
  思う
  できる] なくはない／なくもない

[言える
  思える
  ～気がする
  似ている] なくもない

● 似ている文型
～ないことはない／～ないこともない／～ないでもない

40

〜ざるを得ない

📖「(事情・理由があって)〜なければならない」という意味。「しかたなく」という気持ちを含む。

✏ 前には「望まないこと」が来る。

1 今日の飲み会は、お世話になっている会社の人からの誘いだから、行か**ざるを得ない**。

2 父は、当時の家の事情で、留学するのをあきらめ**ざるを得なかった**そうだ。

3 これだけ原油価格の高騰が続けば、ガソリン代を値上げせ**ざるを得ない**だろう。

Ⓥ ない(行かない)
　　　＋ ざるを得ない
※する→せざる　来る→来ざる

● いっしょによく使うことば

辞める
あきらめる
やる　言う　　ざるを得ない
行く　する
認める

(これが)〜でなくて何だろう ★★

📖「(これこそ)まさに〜である」という意味。

✏ 前には「話者に強い感情を引き起こした物事を表す言葉」が来る。

1 突然の事故で多くの尊い命が奪われてしまった。**これが悲劇でなくて何だろう**。

2 誰もがあきらめましたが、なんと5人もの生存者がいたのです。**これが奇跡でなくて何でしょう**。

3 課長は私たちには文句を言ったり怒ったりするけど、彼女には絶対そういうことをしない。**これが差別でなくて何**⁉

Ⓝ(悲劇) ＋ でなくて何だろう

● いっしょによく使うことば

悲劇
奇跡
愛　　　でなくて何だろう
皮肉
差別
天才

ドリル

次のa, bのうち、正しいほうを選びなさい。

1　(a. 食べられ　b. 食べるに) なくはないけど、あまりおいしくはない。

2　予定よりだいぶ遅れているので、スケジュールを変更(a. せざる　b. せず)を得ない。

3　実力はむこうのほうが上だけど、勝て(a. なくもない　b. なくともない)。

4　ほめられたら、誰でもうれしく(a. なく　b. なけれ)はないだろう。

5　戦争で生き別れた親子が20年ぶりに再会したそうだ。これが運命(a. でなくて　b. でないで) 何だろう。

6　確かに、最近、長い髪の女性が増えている気が(a. しなくてもない　b. しなくもない)。

7　こんなに熱心に頼まれたら、引き受け(a. なくもない　b. ざるを得ない)。

8　この店、ちょっと地味だけど、イタリア風のカフェと(a. 言え　b. 言わ)なくもない。

グループ A　判断や意志などを表す

A-10 〜も差し支えない／〜に難くない

● 硬い言い方。

〜なしに（は）／〜たが最後・〜たら最後

● 条件を示す。

〜も差し支えない

📖 「〜ても問題はない」という意味。
✏️ 前には「許可・許容される物事」が来る。

1. 一次会に出るんだったら、二次会は欠席しても差し支えないと思いますよ。
2. お支払いは、現金の代わりにカードでも差し支えありません。
3. 〈ホテルなど〉タクシーを使いますので、駅から遠くても差し支えありません。
4. 〈医者〉無理をしなければ、軽い運動を始めても差し支えありませんよ。

Ⓥて（欠席して）＋も差し支えない
Ⓐて（遠くて）＋も差し支えない
Ⓝ（カード）＋で＋も差し支えない

● いっしょによく使うことば

| 連れて行く |
| 入る　いる |
| 断る | ても差し支えない
| 知らない |
| 〜がない |

〜に難くない ★

📖 「簡単に〜できる」という意味。実際に見なくても、容易に想像できたりするときに使う。
✏️ 「大きな影響や大変な困難」などを話題とすることが多い。

1. この出来事が当時の日本政府に大きな衝撃を与えたことは、想像に難くない。
2. 今回の政府の発表が、市場に大きな影響を与えることは想像するに難くない。
3. 今回の事故で大切な家族を亡くした人たちの悲しみは、察するに難くない。

Ⓝ（想像）＋に難くない
Ⓥる（想像する）＋に難くない

● いっしょによく使うことば

| 想像（する） |
| 理解（する） | に難くない
| 察する |

注 慣用句的な表現で、「想像」を使う例がほとんど。

～なしに(は) ★★

📖 「～がないと…ない」という意味。
🔧 後には「～できない」という内容が来ることが多い。

1. この映画は涙**なしには**見られないよ。
2. 関係者の断り**なしに**、施設内に入ることはできない。
3. 周りの協力**なしに**、今回の優勝はありませんでした。
4. 田舎だから周りに何もないんです。車**なしには**どうすることもできません。

Ⓝ(涙) ＋ なしに(は)

● いっしょによく使うことば

涙　笑い	
断り　許可	なしには
協力	

～たが最後・～たら最後

📖 「～たら、もうそれで終わり」という意味。
🔧 後には「元に戻らない、変わらない」という性質が述べられる。

1. メールは削除し**たが最後**、もう元に戻すことはできない。
2. 社長は頑固だから、一度決め**たが最後**、それを変えることはまずない。
3. あの人はおしゃべり好きで、一度つかまっ**たら最後**、なかなか離してくれない。

Ⓥた(失敗した) ＋ が最後

● いっしょによく使うことば

| 一度　決める | |
| 言う | たが最後 |

| ～たが最後 | なかなか～ない |
| | 二度と～ない |

ドリル

次のa, bのうち、正しいほうを選びなさい。

1　努力（a. なくには　b. なしには）成功はあり得ません。
2　このお菓子は食べ（a. 始めたは　b. 始めたが）最後、止まらなくなる。
3　この土地で農業をすることが大変な苦労であったことは、(a. 想像に　b. 想像には)かたくない。
4　書類に印鑑を押してなくても、(a. 差し支え　b. 差し支えて)ないでしょうか。
5　この制度の導入によって私たちの生活に大きな変化が生じることは、(a. 理解する　b. 理解し)に難くない。
6　熱が下がったら、お風呂に入っても（a. 差し支えない　b. 難くない）でしょう。
7　こんな不健康な生活を続けていたら、いずれ病気になることは想像（a. で　b. に）難くない。
8　本人の許可（a. なしには　b. ないで）連絡先をお教えすることはできません。

グループA　判断や意志などを表す

A-11　〜べく／〜んがため（に）／〜てみせる／〜てでも

●目的・目標とすることや意志を表す。

〜べく

📖「〜しようと」「〜するために」という意味。

✏️ 前には「目的や目標を表すもの」が来る。

1. 若者の食生活を探る**べく**、大学生600人にアンケート調査を行なった。
2. 〈スピーチ〉目標を達成す**べく**、全力で頑張ります。
3. 会社の研修プログラムを充実させる**べく**、外部から専門家を招いて助言を受けた。

Ⓥる（進む）＋ べく

※「する」「〜する」の場合、「すべく」「〜すべく」の形もある。

●いっしょによく使うことば

果たす ┐
示す　 │
行う　 ├ べく
（〜に）応える ┘

〜んがため（に）

📖「〜するために」という意味。目的を果たそうとする強い意志が込められる。

✏️ 前には「目的や目標を表すもの」が来る。

1. 金と名誉を手に入れ**んがために**、彼は何でもやった。
2. 何が真実なのか。その答えを得**んがため**、彼はカメラを片手に戦場へと向かった。
3. 〈市長のスピーチ〉皆様とお約束したことを果たさ**んがため**、力を尽くしてまいります。

Ⓥない（守らない）＋ んがため

＊「する」は「せんがため」となる

●いっしょによく使うことば

得る ┐
手に入れる │
売る　生きる ├ んがため
守る　なす ┘

㊟ 少し古い表現で、主にスピーチや書き言葉で使われる。

〜てみせる

Ⓥて（勝って）＋ みせる

◆ ①「本当に〜する（ぞ）」②「実際に〜する」という意味。決意の強さ（①）や具体的な動作（②）を人に示すときの表現。
🖉 前には「目標」（①）または「具体的な動作や行動」（②）が来る。

1. この次は絶対勝ってみせる！（①）
2. 来年こそ＊マイホームを手に入れてみせる。（①）　＊自分の家
3. 妹は、母の口ぐせを真似てみせた。（②）
4. リモコンの使い方がよくわからない。ちょっとやってみせて。（②）

● いっしょによく使うことば
[今度こそ
  必ず　絶対]

[勝つ
  やる
  （〜に）なる
  合格する
  解決する
  証明する
  笑う]　て＋みせる

〜てでも

Ⓥて（借金して）＋ でも

◆「たとえ〜しても」という意味で、「自分の主張を強く押し通そうとする様子」を表す。
🖉 前には「目的のための極端な手段」などが来る。

1. 電車はもうなかったが、歩いてでも、家に帰りたかった。
2. 一生に一度なので、お金を借りてでも結婚式はしたいと思います。
3. 今の会社をやめてでも、このプログラムに参加したいと思った。
4. 彼女は何かほしいものがあると、どんな手段を使ってでも手に入れようとする。

● いっしょによく使うことば
[借金する
  お金を払う
  犠牲を払う
  借りる
  買う
  這う
  体を張る]　て＋でも

ドリル

次のa, bのうち、正しいほうを選びなさい。

1　無理を（a. するべく　b. してでも）、少し上のレベルの学校を目指すべきだ。
2　（a. 売るべく　b. 売らんがための）宣伝ばかりで、消費者に本当に必要な情報が少ない。
3　お客様の多様なニーズに応える（a. べき　b. べく）、当店では商品を豊富に取りそろえております。
4　〈新しい携帯電話〉これ、どうやったら消えるの？　ちょっとやって（a. みせる　b. みせて）。
5　今日はすごく大事な会議があるから、（a. 這ってでも　b. 這うべく）会社に行かないと。
6　公園のゴミ問題を解決（a. すべく　b. すべし）、関係者が集まって会議が行われた。
7　仕事を休んで（a. でも　b. みせて）、このコンサートに行きたい。
8　今の地位を守ら（a. んがたい　b. んがため）、彼はあらゆる手を尽くすだろう。

グループA　判断や意志などを表す

A-12　～べくもない／～てしかるべき／～べからず・～べからざる／～まじき

● 「べき」「まじき」を使った表現。

～べくもない

📖 「～することなんかできない」という意味。「状況的に無理、方法がない」ことを表す。
✏️ 前には動詞の辞書形（する動詞の場合は「～す」の形）が来る。

1. 今の仕事は多忙を極め、家族と海外旅行など、望む**べくもない**。
2. どうしてあの時、先生が涙を見せたのか、今となっては知る**べくもない**。
3. 私もゴルフをしますけど、彼とは比べる**べくもありません**。まだまだ初心者です。

Ⓥる（残す） ＋ べくもない
　（否定する） ＋ べくもない
　（する動詞）

● いっしょによく使うことば

知る　言う
望む　疑う
比べる　　　　べくもない
否定する
期待する

～てしかるべき ★★

📖 「本来～するのが当然だ」という意味で、現状に対する不満の気持ちを含む。
✏️ 前には「本来そうあるべきこと」が来る。

1. 豊かな生活をめざすなら、芸術やスポーツの予算はもっと増やし**てしかるべきだ**。
2. 健康にかかわる重大なことなんだから、住民に一言説明があっ**てしかるべきだ**。
3. この問題は、国会で真剣に議論され**てしかるべき**問題だと思う。
4. 数字を見れば明らかで、このチームの仕事ぶりはもっと高く評価され**てしかるべきだ**。

Ⓥて（増やして） ＋ しかるべき

● いっしょによく使うことば

（受身形）
検討する
議論する　　れて＋しかるべき
評価する

～べからず・～べからざる

📖「～てはならない」という意味で、「社会的に許されない」という判断を含む。

✏️ 前に来る動詞は、主語が特定されない場合が多い。

1 〈公園内の注意書き〉芝生に入る**べからず**。
2 〈ことわざ〉初心忘(れ)る**べからず**。
3 大臣がそんなことを言うなんて！ 被害者の気持ちを無視した許す**べからざる**発言だ。

Ⓥる(入る) + べからず

● いっしょによく使うことば

[入る　立ち入る
許す　欠く　　　] べからざる
忘る(←忘れる)

注「～べきではない」の古い言い方で、ことわざや掲示の表現に使われる例が多い。

～まじき ★

📖「～てはならない」「～べきではない」という意味。立場にふさわしくない行為や発言を批判するときに使う。

✏️ 多くは「Aに／としてあるまじき」の形で、Aには「職業や立場を表す名詞」が来る。

1 こんな簡単なことを失敗するなんて、プロとしてある**まじき**ことだ。
2 人にけがさせるなんて、警察官としてある**まじき**行為だ。
3 それはアナウンサーという立場にある**まじき**発言だったため、大問題となってしまった。
4 年寄りや子供に対する犯罪は、最も許す**まじき**ものだ。

Ⓝ(プロ)＋に/として＋ある
Ⓥる(許す)　　　　　　　　} ＋ まじき

● いっしょによく使うことば

[社長
プロ
警察官　] にあるまじき
政治家
教師

～にあるまじき [行為
発言
態度
こと]

ドリル

次のa, bのうち、正しいほうを選びなさい。

1 有名ホテルに（a. あるまじき　b. べくもない）雑な対応で、客の怒りはおさまらなかった。
2 人を差別するようなことを言うなんて、教師に（a. あるまじき　b. しかるべき）ことだ。
3 スタッフの採用には、もっと現場の声を反映させて（a. べくもない　b. しかるべきだ）。
4 この程度のものなら、もっと安くてしかる（a. べくもない　b. べきだ）と思う。
5 あの男が犯人だということは、もはや（a. 疑い　b. 疑う）べくもない。
6 何かお手伝いをしないと申し訳ない。「働かざるもの、食う（a. べからず　b. べくもない）」だからね。
7 〈注意書き〉ここにゴミを捨てる（a. べからず　b. べくもない）。
8 この辺りは開発が進んで、自然豊かな昔の雰囲気はもう望む（a. べからず　b. べくもない）。

実戦練習 　A-9、A-10、A-11、A-12

問題1　次の文の（　　）に入れるのに最もよいものを、1・2・3・4から一つ選びなさい。

1　ちょっと遅くなったけど、今から行けば、飲み会に参加（　　　　）ね。
　1　できなくもない　　　　　　2　できない
　3　もさしつかえない　　　　　4　にかたくない

2　今の段階では、実用化までに相当な時間がかかると（　　　　）を得ない。
　1　言わず　　2　言わない　　3　言わざる　　4　言うこと

3　お子さんを連れて（　　　　）さしつかえありませんから、ぜひうちへ遊びに来てください。
　1　いらっしゃったら　　　　2　いらっしゃっても
　3　いらっしゃったので　　　4　いらっしゃれば

4　今回の企画は、彼女（　　　　）成り立たなかったと思う。
　1　なしには　　2　なくて　　3　ないで　　4　ないし

5　この技術の新たな可能性を世に（　　　　）報告書がまとめられた。
　1　示してみせて　　　　　　2　示したが最後
　3　示すべく　　　　　　　　4　示してでも

6　彼はその試合で2ゴールを上げ、世界中にその実力を（　　　　）。
　1　証明するべく　　　　　　2　証明してみせた
　3　証明しなくもなかった　　4　証明したにかたくない

7　忙しい彼女は、お金を（　　　　）掃除や洗濯をやってもらいたいと言っていた。
　1　払えば　　　　　　　　　2　払うべく
　3　払ったが最後　　　　　　4　払ってでも

8 〈注意書き〉これより先、関係者以外、(　　　　)べからず。
　1　入る　　　　2　入って　　　　3　入ること　　　4　入ら

9 あんな薄汚れた店だから期待(　　　　)と思ってたけど、意外とおいしかった。
　1　すべくもない　　　　　　　　2　するべきもない
　3　すべきだ　　　　　　　　　　4　するべくもない

10 日本が柔道で金メダル無しなんて、(　　　　)ことだ。
　1　あるべき　　　　　　　　　　2　あるまじき
　3　あってしかるべき　　　　　　4　あらんが

問題2　次の文の___★___に入る最もよいものを1・2・3・4から一つ選びなさい。

1　一度聴いただけの曲を楽譜も見ないで弾ける ___　___、___★___ ___。
　1　天才　　　2　なんて　　　3　何だろう　　　4　でなくて

2　このレポートを見ると、教師のストレスが ___　___、___★___ ___。
　1　多いか　　2　かたくない　　3　想像に　　　4　どれだけ

3　一度 ___　___　___★___、___ 忘れることはできない。
　1　飲んだが　　　　　　　　　　2　最後
　3　このワインを　　　　　　　　4　その味を

4　「部長って、前田首相に似てない？」「___　___　___★___　___、どうかなあ」
　1　そう　　2　言われれば　　3　ないけど　　　4　そう思えなくも

5　日本の食の安全基準は、もう一度 ___　___　___★___ ___。
　1　見直される　　2　だろうか　　3　べき　　　4　ではない

グループB　結果や状況、事実関係などを表す

B-1

〜に即して・〜に即した／
〜をもって（〜をもちまして）／
〜を踏まえて・〜を踏まえた／〜に則って

● 判断や行動の基礎になるものを表す。

〜に即して・〜に即した ★★★

📖 「〜に合わせて」「〜に合うように」という意味。
✏️ 前には「判断や行動の基準になるもの」が来る。

1. 時代の変化に即して、法律の内容も改めなければならない。
2. 現状に即して、作業のマニュアルを作り変えた。
3. この映画は、事実に即したストーリーになっている。

Ⓝ（事実）＋ に即して / た

● いっしょによく使うことば

事実　現実	
現状　内容	
状況　実態	に即して
流れ　変化	
テーマ	
方針　計画	

〜をもって（〜をもちまして） ★★

📖 ①「〜で」の意味で、物事の区切りを表す。②「〜で」の意味で、手段・方法・基準などを表す。
✏️ ①後には「物事の終了」などが述べられる。②前には「形式や方法を表すもの」が来る。

1. 横浜店は、本日をもって閉店となりました。(①)
2. これをもって、私の挨拶とさせていただきます。(②)
3. 本日の営業は、午後9時をもちまして終了いたします。(①)
4. この書類をもって正式な契約とします。(②)
5. 本法案は、賛成多数をもって可決となりました。(②)
6. 当選者の発表は、賞品の発送をもって代えさせていただきます。(②)

Ⓝ（本日）＋ をもって

● いっしょによく使うことば

本日　今日	
今回	をもって
今月いっぱい	
年内　これ	

書類　書面	
賞品の発送	をもって
賛成多数	

㊟ 公式な文書や挨拶などで使われる。
「もちまして」はより丁寧な言い方。

～を踏まえて・～を踏まえた ★★

📖 「～を前提・判断基準・参考にして」という意味。
✏️ 前には「判断や行動の基準になるもの」が来る。

1. 今回の試験の結果を踏まえて、志望大学を決めた。
2. 専門家の意見を踏まえた新しい災害対策が発表された。
3. 工事計画は、現場の状況を踏まえて、一部が変更された。

Ⓝ（結果）＋ を踏まえて

● いっしょによく使うことば

| 結果　状況 |
| 規則 |
| ～の意見　　を踏まえて |
| 要望　経験 |
| 歴史 |

～に則って ★

📖 「基準として～に従って」「～を手本として」という意味。
✏️ 前には「一定の形式やスタイルを持つもの」が来る。

1. 結婚式は、彼の地方の伝統に則って行うことになった。
2. お金もうけも、ちゃんとルールに則ってやらなければならない。
3. 両チームとも、スポーツマン精神に則って、最後まで全力で戦った。

Ⓝ（伝統）＋ に則って

● いっしょによく使うことば

| 伝統　法律 |
| 形式　ルール　に則って |
| 方針 |

ドリル

次のa, bのうち、正しいほうを選びなさい。

1　テーマ（a. に即した　b. の即する）内容であれば、どんなタイプの本でもかまいません。
2　これらの公共事業が法律（a. に則って　b. を則って）正しく行われているか、厳しいチェックが必要だ。
3　毎年行ってきたこのイベントも、今回（a. をもって　b. をふまえて）最後となります。
4　代表選手は、特に国際大会での成績（a. を即して　b. を踏まえて）選ばれることになる。
5　これからの家は、環境に優しいかどうか（a. 踏まえて　b. をもって）造られるべきだ。
6　後日、書面（a. にもって　b. をもって）正式な回答をさせていただきます。
7　10年近くこのマニュアルを使っているが、実態（a. と即して　b. に即して）少し変えたほうがいい。
8　本日（a. をもって　b. を踏まえて）、第三営業部に異動になりました。

グループB 結果や状況、事実関係などを表す

B-2 〜(が)ゆえ(に)／〜とあって／〜ならでは(の)

● 理由や事情を強調する。

〜ではあるまいし

●「実際は違うのだから」として、判断や意見を述べる。

〜(が)ゆえ(に) ★

📖「〜という理由や事情があるので」という意味。
✏️「A(原因)がゆえにB(結果)」の関係になる。

1. 昔は、女性である**がゆえに**就職できないことも多かった。
2. 彼は正義感が強い**がゆえに**、危険を承知で火の中に飛び込み、命を落としてしまった。
3. 当時は、貧乏である**がゆえに**進学をあきらめる人も多かった。
4. 友人である**がゆえに**、お金の貸し借りなど、はっきり言いにくい場合もある。

N+(である)
V ふ
A ふ
Na+(な/である) ＋(が)ゆえ(に)

● いっしょによく使うことば

[女性／優秀／日本人／家族／同じ] (である)(が)ゆえ(に)

〜とあって ★★★

📖「〜なので」という意味。
✏️ 前には「特別な事情を表す内容」が来る。

1. 来月結婚式**とあって**、彼女はすごく忙しそうだ。
2. 初めての発表会**とあって**、さすがに彼も緊張していた。
3. 有名なバンドも来る**とあって**、イベント会場は超満員だった。
4. 田中君、また遅刻した**とあって**、店長にきつく叱られていた。

[ふつう] ＋ とあって
※名詞は「Nとあって」の形が多い。

● いっしょによく使うことば

[初めて／また] 〜とあって
〜とあって [さすがに]

52

～ならでは（の） ★★★

- 「～だから可能といえる（見事な）」という意味。「さすが～だ」と感嘆する気持ちを含む。
- 前には「ほかとは違う、自分の場合とは違うと感じさせられるもの」が来ることが多い。

1. ガイドの人に、本場**ならではの**味が楽しめるお店を紹介してもらった。
2. 一つ一つの形が微妙に違うのも、手作り**ならではの**面白さだ。
3. 初めてオペラを見に行ったとき、プロ**ならではの**迫力のある歌声に感動した。

Ⓝ（手作り） ＋ ならでは（の）

● いっしょによく使うことば

| 本場　手作り
職人　プロ
ベテラン
女性　Aさん
日本　都会
田舎 | ならでは（の） |

～ではあるまいし ★

- 「（～ならそうかもしれないが）～ではないのだから」という意味。
- 後には「判断や主張、相手への助言」などが来る。

1. 子ども**じゃあるまいし**、いちいち説明しなくてもわかるでしょう？
2. 失敗したからって死ぬわけ**じゃあるまいし**、そんなに怖がる必要ないよ。
3. 原さんだってわざとやったん**じゃあるまいし**、そのくらい許してあげたら？
4. 神様**じゃあるまいし**、そんなことわからないよ。

Ⓝ（子ども）
　＋ では／じゃ ＋ あるまいし

Ⓥる／Ⓥた（わざとやった）
　＋ の／ん／わけ
　＋ では／じゃ ＋ あるまいし

● いっしょによく使うことば

| （名詞）
子供　新人
神様　プロ
医者
Aさん
本人 | じゃあるまいし |

ドリル

次のa, bのうち、正しいほうを選びなさい。

1. 上海では、本場（a. ならではの　b. にあって）中国料理を存分に楽しんだ。
2. 彼を信じていた（a. がゆえに　b. ならでは）、その話を聞いた時はショックだった。
3. 連休の初日（a. とあって　b. にあって）、どこも混んでいた。
4. 長い旅行でも（a. あるまいか　b. あるまいし）、そんなにたくさんの荷物はいらないと思います。
5. その美術館は、A氏が設計した（a. とあって　b. ならではに）なかなかしゃれている。
6. こうした気配りも、心優しい彼女（a. ならではだ　b. のならではだ）。
7. あの店は安くてサービスもいい（a. とあって　b. がゆえに）、いつもお客さんでいっぱいだ。
8. アマチュアのチームに（a. 負けた　b. 負けて）とあって、みんな、さすがに落ち込んでいた。

グループB 結果や状況、事実関係などを表す

B-3

～(か)と思いきや／～かというと
●想定されたことと実際とが違う様子を表す。

～ずじまい／～そびれる
●意図したことができずに終わったことを表す。

～(か)と思いきや ★★

「～と思っていたら、実際は違って」という意味。驚きや残念な気持ちを表す。

前には「期待や予想の内容」、後には「それに反する実際の様子」が来る。

1. 笑って言うから冗談**かと思いきや**、本気だった。
2. 写真を見て怖い人**かと思いきや**、会って話してみると、優しい感じの人だった。
3. 安いから品質はあまりよくない**と思いきや**、全然そんなことはなかった。
4. 当然、部長も知っている(もの)**と思いきや**、そうではなかった。

Ⓥふ／Ⓐふ（＋の）
Ⓝaふ／Ⓝふ（＋なの）
　＋ (か)と思いきや

●いっしょによく使うことば

　冗談　本気
　本当　うそ　　　かと思いきや
　反対　親子

～かというと ★★

①「本当に～か、と問われれば」②「～か、本当のところを問われれば」という意味。

前には「世の中や周りでそう思われていること」などが、後には「(それと異なる)実際の様子」が来る。

1. 東京はビルばかりで緑がない**かというと**、そんなこともない。(①)
2. このやり方が正しかった**かというと**、正直、自信はありません。(①)
3. ここに書かれていることがすべて正しい**かというと**、それは違うと思う。(①)
4. なぜ彼女が来たことがわかった**かというと**、ポストに手紙があったからです。(②)
5. どちら**かというと**、私よりも原さんのほうが歌は上手だと思います。(②)

① Ⓥふ／Ⓐ（＋の）
　Ⓝaふ／Ⓝふ（＋なの）
　　＋ かというと
② 疑問詞（＋ 文・句）
　　＋ かというと

●いっしょによく使うことば

　　　　　　そんな～ない
　　　　　　そうとは限らない
～かというと　そういうわけでもない
　　　　　　必ずしも～ない

～ずじまい

V ない(使わない) + ずじまい
(※する→せずじまい)
V 可(使えない) + ずじまい

📖「結局～しないままで終わる」という意味で、後悔や残念な気持ちを含む。
🖊前には「元々しようと思っていたこと」が来る。

● いっしょによく使うことば

結局	
とうとう	
わかる	ずじまい
聞く	
知る　会う	

1. いろいろ見たけど、昨日は結局何も買わ**ずじまい**で、今週末、また買いに行くことにした。
2. この会議ではいつも社長と一部の人ばかりが発言するから、何も言わ**ずじまい**になることが多い。
3. 出張のついでに友達と会うつもりだったけど、結局、時間がとれなくて、会え**ずじまい**だった。

～そびれる

V ます(言い) + そびれる

📖「～する機会を失う」という意味で、後悔や残念な気持ちを含む。
🖊前に付く語は少数の動詞に限られる。

● いっしょによく使うことば

言う　聞く	
買う　出す	
寝る　もらう	そびれる
挨拶する	
～をする	

1. 彼らにも一言お礼を言うつもりだったけど、言い**そびれて**しまった。
2. あっ、明日のパン、買い**そびれた**！ しょうがない……あとで買いに行くか。
3. あっ！ 先生に夏の短期研修のこと、聞くつもりだったのに、聞き**そびれて**しまった。

ドリル

次のa, bのうち、正しいほうを選びなさい。

1. 勉強のできる人が教え方がうまい（a. かといって　b. かというと）、そんなことはない。
2. あまりに似ているので兄弟（a. か　b. かも）と思いきや、そうではなかった。
3. 朝、慌てて出かけたら、ゴミを（a. 出さ　b. 出し）そびれてしまった。
4. 兄に出張のお土産をもらえる（a. かというと　b. と思いきや）、何もなくてがっかりした。
5. おみやげを持っていったのに、おしゃべりに夢中になって渡し（a. ずじまいだ　b. そびれた）。
6. 何が問題（a. かというと　b. かといって）、一言も上司に相談しなかったことだ。
7. テレビの調子が悪くてメーカーに電話したが、原因は（a. わからず　b. わからない）じまいだった。
8. パーティーで、前に会ったことのある人と少し話をしたが、最後まで名前を思い出せ（a. ずじまいだった　b. そびれた）。

実戦練習　B-1、B-2、B-3

問題1 次の文の（　　）に入れるのに最もよいものを、1・2・3・4から一つ選びなさい。

1　計画の具体的な内容は、現場の状況（　　）随時変更してもらって結構です。
　　1　をもって　　2　に即して　　3　とあって　　4　と思いきや

2　仕事が忙しくて、今日は結局、彼女には連絡でき（　　）だった。
　　1　そびれ　　2　ずじまい　　3　ならでは　　4　ではあるまい

3　彼は、雪山の美しさと恐ろしさについて、自分の経験（　　）わかりやすく話してくれた。
　　1　に即して　　2　と思いきや　　3　をふまえて　　4　ならでは

4　一人暮らしの寂しさ（　　）ネットに依存してしまう人が増えている。
　　1　に則って　　2　と思いきや　　3　ゆえに　　4　とあって

5　彼女はさすが5人の子供を育てた（　　）、小さいことで悩んだりしない。
　　1　ならでは　　2　とあって　　3　に即して　　4　に則って

6　いろいろ調べたけど、結局原因は（　　）でした。
　　1　わからずじまい　　2　わからないならでは
　　3　わかりそびれ　　4　わからないに即した

7　新しく提案された政策に、野党は反対か（　　）、賛成だった。
　　1　とあって　　2　ゆえに　　3　をふまえて　　4　と思いきや

8　この会社の製品がすべて丈夫（　　）、中には壊れやすいものもある。
　　1　ならでは　　2　かと言うと　　3　とあって　　4　ではあるまいし

9　このような犯罪を犯した者は、その国の法律（　　　）、厳しく処罰されるべきだ。
　　1　をふまえて　　2　ならでは　　3　に則って　　4　に即して

10　後日お送りします書面（　　　）、質問への回答とさせていただきます。
　　1　ではあるまいし　　　　2　とあって
　　3　をもって　　　　　　　4　ゆえに

問題2　次の文の＿＿★＿＿に入る最もよいものを1・2・3・4から一つ選びなさい。

1　子供＿＿＿＿＿＿＿＿＿★＿＿＿＿泣かないでよ。
　　1　自分の　　　　　　　　2　くらいで
　　3　じゃあるまいし　　　　4　思い通りにならない

2　残念だろうが、今の＿＿＿＿＿＿＿＿★＿＿＿＿のが妥当だと思う。
　　1　状況　　　　　　　　　2　変更する
　　3　計画を　　　　　　　　4　をふまえて

3　彼は、さすが去年まで海外のチームで＿＿＿＿＿＿＿＿★＿＿＿＿ね。
　　1　とあって　　　　　　　2　しっかりしている
　　3　活躍していた　　　　　4　技術が

4　彼女は、＿＿＿＿＿＿＿＿★＿＿＿＿ユニークなおもちゃを開発した。
　　1　ならではの　　　　　　2　アイデア
　　3　子供を持つ女性　　　　4　を生かして

5　連絡先を聞きたいと思って話しかけたのに、＿＿＿＿＿＿＿＿★＿＿＿＿しまった。
　　1　夢中になって　　　　　2　うっかり
　　3　話に　　　　　　　　　4　聞きそびれて

グループ B 結果や状況、事実関係などを表す

B-4 〜が早いか／〜(する)なり／〜(や)否や／〜そばから

● 二つの物事が間を置かずに起こる様子を表す。

〜が早いか ★

Ⓥる(言う) ＋ が早いか

📖「〜するのとほとんど同時に」「〜した直後に」という意味。
✏ 前には「誰かの実際の動作」が来る。

1. 店員は、「もう閉店です」と言う**が早いか**、カーテンを閉めた。
2. 弟は、起きる**が早いか**、着替えてすぐに出て行った。
3. 彼は電車のドアが開く**が早いか**、ホームに降りて走って行った。

〜(する)なり

Ⓥる(帰ってくる) ＋ なり

📖「〜すると同時に」「〜するとすぐに」という意味。
✏「AなりB」のA、Bは同じ主語になる。

1. この髪型、そんなに変かなあ。みんな、私の顔を見る**なり**、笑い出す。
2. 何か悲しいことがあったみたいで、妹は帰ってくる**なり**、自分の部屋に入って泣き出した。
3. 彼とは久しぶりだったのに、会う**なり**お金を貸してほしいと言われ、驚いた。

● いっしょによく使うことば
〜なり［〜出す］

～(や)否や ★

Ⓥる(到着する) + や否や

📖「～するとすぐに」という意味。

✏️ 後には「それを待っていたように勢いよく物事が起こる様子」が述べられる。

●いっしょによく使うことば

～や否や ［ 急に　突然／一斉に／～出した／～始めた ］

1. 朝から晴れていたのに、ホテルに到着する**や否や**、急に雨が降り始めた。
2. 課長は、出社する**や否や**、社員を全員集めた。
3. 彼女がステージに姿を現す**や否や**、大歓声が上がった。
4. 休憩時間になる**や否や**、子供たちは一斉に校庭に飛び出していく。

～そばから ★★

Ⓥる/た/ている(片づける) + そばから

📖「～しても、またすぐに」という意味。

✏️「AそばからB」のBは、Aの効果をマイナスにするもの。

●いっしょによく使うことば
～そばから ［また］

1. 私が片づける**そばから**子供がまた散らかすので、家がなかなかきれいにならない。
2. 仲良くするよう子供たちに注意している**そばから**、また、ほかの子供たちがけんかを始めた。
3. 年をとってからも勉強をしたいけど、覚えた**そばから**忘れてしまうのでは困る。

ドリル

次のa, bのうち、正しいほうを選びなさい。

1. 田中さんは、電話を切る（a. そばから　b. なり）、大きなため息をついた。
2. 私たちを見つける（a. そばから　b. が早いか）、おばさんが手を振って走って来た。
3. （a. 会う　b. 会った）なりいろいろ文句を言われて、気分が悪くなった。
4. 一つの問題が片づく（a. そばから　b. そばに）、また別の問題がわき起こってくる。
5. お腹が空いていたのか、息子は家に（a. 帰る　b. 帰った）なり、お菓子を食べ始めた。
6. ホテルに着く（a. や否や　b. そばから）、A社の人たちが握手を求めてきた。
7. 新しいバイトの人は、注意した（a. そばから　b. や否や）また同じミスをくり返している。
8. 0時になって誕生日の日付になる（a. や否や　b. そばから）、友達からメールが来た。

グループB　結果や状況、事実関係などを表す

B-5 〜にとどまらず／〜に至って（は）／〜に至るまで／〜に及んで

●範囲について述べる表現

〜を皮切りに（して）

●物事の始まりや終わりを示す

〜にとどまらず ★

📖「〜だけでなく、さらに…」という意味。

✏️ 後には「対象や範囲が広がる様子」が述べられる。

1. 台風の影響は飛行機や新幹線**にとどまらず**、あらゆる交通機関に及んだ。
2. 彼の業績は、ビジネスの分野**にとどまらず**、教育や国際交流など、多方面にわたった。
3. A社はいずれ、日本国内**にとどまらず**、海外にも事業を拡大する計画だ。
4. 先輩は私の論文を読んで、単に感想を言う**にとどまらず**、文章の書き方など、いろいろアドバイスしてくれた。

N＋（である）　　｜
Ⅴふ　　　　　　｝＋にとどまらず
Na＋である　　　｜

●いっしょによく使うことば

［単に／〜だけ］にとどまらず

〜にとどまらず［さまざまな／〜に及ぶ／〜にわたる］

〜に至って（は） ★

📖「〜という状況や段階になって」という意味。

✏️ 前には「新たな状況や段階を表す内容、具体的な時期」が来る。

1. 事故がくり返し起きる**に至って**初めて、電気システムの欠陥が発見された。
2. 子を持つ**に至って**初めて、親の苦労がわかった気がする。
3. 7月の末**に至って**やっと、夏らしい天気になってきた。
4. ここ**に至って**ようやく、国による災害復旧活動が始められた。

Ⅴる（起きる）＋に至って
N（7月の末）＋に至って

●いっしょによく使うことば

〜に至って［初めて／ようやく／やっと］

～に至るまで

📖「～まで広く」
✏️前には「(範囲の広さを表す)AからB」の形が来る。

1 これらの漫画のキャラクターは、子供から大人**に至るまで**、多くの人に親しまれている。

2 面接では、環境問題から世界の経済情勢**に至るまで**、さまざまな質問をされた。

3 うちの親は、学校のことからアルバイトや友達のこと**に至るまで**、いろいろ細かく聞いてくるので、ちょっとうっとうしい。

Ⓝ(大人) ＋ に至るまで

●いっしょによく使うことば

～に至るまで ［さまざまな／いろいろ］

～に及んで ★★

📖「～という状況・段階になって」という意味。
✏️前には「動詞の辞書形」や慣用句的表現の「この期に及んで(も)」が来る。

1 汚染の影響が農産物に拡大する**に及んで**、政府は特別調査団の派遣を決定した。

2 その後、長く続いた独裁体制が崩壊する**に及んで**、この国にも自由な空気が感じられるようになった。

3 証拠はそろっているのに、この期**に及んで**まだ罪を認めないなんて、呆れてしまう。(慣用句的表現)

Ⓥる(拡大する) ＋ に及んで
Ⓝ(この期) ＋ に及んで

●いっしょによく使うことば

～に及んで ［まだ／なお］

～を皮切りに(して) ★

📖「～をその始まりとして」という意味。
✏️前には「物事が行われる場所」などが来る。

1 彼女のコンサートは、北海道**を皮切りに**全国15都市で行われる。

2 ソディーの新しい携帯電話は、ヨーロッパ**を皮切りに**世界中で発売された。

3 大野さんは、1号店の成功**を皮切りに**、店舗数をどんどん増やしていった。

Ⓥ(発売するの／成功したの) ＋ を皮切りに
Ⓝ(北海道) ＋ を皮切りに

●いっしょによく使うことば

～を皮切りに ［開催する／行われる／発売される］

注 主にイベントや事業活動を話題とする。

ドリル

次のa, bのうち、正しいほうを選びなさい。

1 結婚する（a. が至って　b. に至って）初めて、彼に莫大な借金があることがわかった。

2 これはアメリカ一国だけの問題（a. で　b. に）とどまらず、世界経済にとっても大きな不安材料となっている。

3 原発反対のデモは、今月11日の東京（a. を皮切りに　b. に及んで）全国に広がっている。

4 この期（a. に及んで　b. に至って）まだ嘘をつくなんて、彼には本当にあきれてしまう。

5 この技術は製造業（a. に及んで　b. にとどまらず）、医療や農業など幅広い分野に利用されるだろう。

6 今回のセミナーは、会場の手配から当日の受付（a. に至るまで　b. に至ってから）すべて彼女が一人でやった。

7 最終チェックに至って（a. 初めて　b. やはり）、このミスに気がついたんです。

8 新聞報道で事実が明らかになる（a. に至るまで　b. に及んで）、政府内でもこの問題について協議することになった。

グループB　結果や状況、事実関係などを表す

B-6 〜にして／〜にしては／〜にあって（は／も）

● ある状況や条件にあることを強調する。

〜によらず／〜をよそに

● そのことは関係ない、気にしないということを表す。

〜にして ★★★

①「〜（という段階）で」という意味で、驚きの気持ちを表す。②「AにしてB」の形で「Aであって、Bでもある」という意味。③「〜であっても、〜でも」という意味。④「〜に」「〜で」などの助詞の意味を強調する表現。慣用句的なものが多い。

前には「時間・場所・性質などを表す名詞」が来る。

1. なかなか子供ができずに諦めていたが、40歳にして初めて親になることができた。（①）
2. 彼は水泳教室に通い始めて、なんと10日目にして100メートル泳げるようになった。（①）
3. レオナルド・ダ・ヴィンチは、芸術家にして科学者でもあった。（②）
4. マラソンで42.195キロを走ることは、プロのスポーツ選手にして大変なことだ。（③）
5. その計画は、一瞬にして夢と消えた。（④）
6. 幸いにして、そのことを知らなかったんです。（④）

Ⓝ（40歳）＋ にして

● いっしょによく使うことば

① ［〜歳／この年／〜年生／〜カ月／〜日目］ にして ［初めて／やっと］

④ ［一瞬　一夜／幸い　不幸／生まれながら］ にして

〜にしては ★★

「〜ということから受ける印象と違って」という意味。

後には「評価や感想」が来る。

1. 小学生にしては、字がきれいだ。
2. この雑誌にしては、表紙がちょっと地味だ。
3. 時間がかかったにしては、このレポートは内容が良くない。
4. 初めてにしては、上手ですね。

Ⓥふ／Ⓐふ
Ⓝa（便利）＋である ＋ にしては
Ⓝ（小学生）

● いっしょによく使うことば

［女性　学生／新人　素人／〜月　国産／中古　初めて］ にしては

● 似ている文型

〜わりには

〜にあって(は/も) ★★

📖 「〜に」「〜には」「〜にも」「〜で」「〜では」「〜でも」などの意味。
✏️ 前には「ある状況を表す言葉」が来る。

1 反政府デモが広がるA国は、現在、非常事態**にあって**、入国を制限している。
2 グローバル社会の今日**にあって**、外国人と接する機会は、ますます増えている。
3 どんなに困難な状況**にあっても**、解決策は必ずあるものだ。

Ⓝ(非常事態) + にあって

● いっしょによく使うことば
┌ どんな〜 ┐
│ こんな〜 │
│ 状況   ├ にあって
└ 時代   ┘

〜によらず ★

📖 「〜に関係なく」「〜とは違って」という意味。
✏️ 後には「判断や評価」が来ることが多い。

1 課題を提出しなかった場合、理由**によらず**単位が与えられないことになっている。
2 〈面接で〉学歴や性別など**によらず**、能力があるかどうかで判断します。
3 部長は見かけ**によらず**優しい。　※慣用的表現

Ⓝ(理由) + によらず

● いっしょによく使うことば
┌ 条件　理由 ┐
│ 目的　方法 ├ によらず
└ 見かけ   ┘

● 似ている文型
〜にかかわらず

〜をよそに ★★★

📖 「〜を自分に関係ないものとして」「〜を気にしないで」という意味。周りの状況に関係なく物事が進む様子を表す。
✏️ 前には「周りの状況を表す言葉」が来る。

1 不況**をよそに**、A社の売り上げは前年を大幅に上回った。
2 先生に怒られてみんなが緊張しているの**をよそに**、彼だけぼんやりと外を眺めていた。
3 親の心配**をよそに**、彼女は留学先へと旅立った。

Ⓝ(不況) + をよそに
Ⓕの(話をしているの) + をよそに

● いっしょによく使うことば
┌ 心配　不安 ┐
│ 期待　反対 ├ をよそに
└ 周囲   ┘

ドリル

次のa, bのうち、正しいほうを選びなさい。

1 彼は有名な建築家（a. にして　b. にしながら）作家でもある。
2 一見熊でも倒しそうな人だが、見かけ（a. をよそに　b. によらず）、気が弱い。
3 初めてご注文される方は、ご注文の金額（a. によらず　b. でよらず）、送料無料です。
4 スタッフの不安（a. をよそに　b. をよそで）、大雨の中、多くの人が会場を訪れた。
5 結婚20年（a. だけにして　b. にして）初めて、本気で離婚を考えた。
6 ほかの子供たちが遊んでいるの（a. がよそに　b. をよそに）、彼は夢中になってその本を読んでいた。
7 この不景気（a. にしても　b. にあっても）、A社は売り上げを伸ばしている。
8 手術すべきかどうか、ベテランの医者（a. にして　b. にあって）、判断が難しいそうだ。

実戦練習 B-4、B-5、B-6

問題1 次の文の（　　）に入れるのに最もよいものを、1・2・3・4から一つ選びなさい。

1　受験3回目（　　　　　）、やっとＮ１の試験に合格することができた。
　　1　にして　　　2　にしては　　　3　によらず　　　4　をよそに

2　この本はすごく売れて、英語版（　　　　　）8カ国で翻訳版も出たんです。
　　1　が早いか　　　2　を皮切りに　　　3　にして　　　4　にあっても

3　彼女は「ダイエットして今年は水着を着る」と言った（　　　　　）ケーキを食べ始めた。
　　1　やいなや　　　2　なり　　　3　によらず　　　4　そばから

4　その子のお母さんは、担任の先生だけ（　　　　　）校長先生にも文句を言いに行った。
　　1　を皮切りに　　　　　　2　にとどまらず
　　3　が早いか　　　　　　　4　に及んで

5　空港で職員に、かばんの中から着ている服（　　　　　）細かく調べられた。
　　1　に至っては　　　2　に至るまで　　　3　にとどまらず　　　4　によらず

6　彼女は別れの言葉を言う（　　　　　）、泣きながら走って行ってしまった。
　　1　を皮切りに　　　2　が早いか　　　3　をよそに　　　4　に及んで

7　授業終了のチャイムが鳴る（　　　　　）、子供たちは一斉に教室を飛び出た。
　　1　やいなや　　　　　　2　のを皮切りに
　　3　そばから　　　　　　4　によらず

8　私の弟も、大変な危険とコストがかかることを知る（　　　　　）原発に反対するようになりました。
　　1　に及んで　　　　　　2　にとどまらず
　　3　に至るまで　　　　　4　によらず

9 この賞は、分野（　　　　）、優れた研究を行った者に贈られる。
　　1　をよそに　　2　が早いか　　3　によらず　　4　に及んで

10 周囲の心配（　　　　）、彼は一人でどんどん企画を進めて、結局失敗してしまった。
　　1　に至るまで　　2　をよそに　　3　にとどまらず　　4　にして

問題2　次の文の ___★___ に入る最もよいものを1・2・3・4から一つ選びなさい。

1 医者は、今月中には ＿＿＿ ＿＿＿ ★ ＿＿＿ 伝えた。
　　1　考えを　　2　家族に　　3　との　　4　退院できるだろう

2 入院という ＿＿＿ ＿＿＿ ★ ＿＿＿ 実感した。
　　1　ありがたさを　　2　はじめて
　　3　健康の　　4　事態に至って

3 経済危機が世界中に ＿＿＿ ＿＿＿ ★ ＿＿＿ 激しくなっている。
　　1　に及んで　　2　企業間の競争が
　　3　拡大する　　4　より

4 この車は ＿＿＿ ＿＿＿ ★ ＿＿＿ 車内もきれいなので、買うことを即決した。
　　1　にしては　　2　状態もいいし
　　3　中古　　4　エンジンの

5 メールなど通信手段が ＿＿＿ ＿＿＿ ★ ＿＿＿ コミュニケーションは必要だ。
　　1　現代　　2　にあっても　　3　発達した　　4　手紙や直接会っての

グループC　ものの様子や性質などを表す

C-1 〜からある／〜からなる／〜からする／〜に上る

● 大きさや量を強調する表現。

〜からある ★★

📖 「〜か、それ以上もある」という意味で、多いことを強調する。
✏️ 前には「具体的な数量を表す語」が来る。

1. 30キロ**からある**荷物を一人で運んだせいで腰が痛くなった。
2. 20キロ**からある**道のりを歩いて行かなければならないなんて。気が遠くなる。
3. 体長3メートル**からある**大きなマグロが釣り上げられた。

Ⓝ（30キロ）＋ からある

●いっしょによく使うことば
- 〜キロ
- 〜メートル
- 〜センチ   }からある
- 〜冊
- 〜本
- 〜枚

〜からなる ★★

📖 ①「〜か、それ以上にもなる」、②「〜からできている」という意味。
✏️ ①前には「具体的な数量を表す語」が来る。②前には「それを構成する要素」が来る。

1. この辺りは、2000メート**からなる**高い山がいくつも連なる。（①）
2. この会は、約50の団体**からなる**大きな組織です。（①）
3. 大部分が熱に弱い化学物質**からなる**ので、取り扱いに注意が必要だ。（②）

Ⓝ（2000メートル）＋ からなる

●いっしょによく使うことば
- 〜メートル
- 〜センチ
- 〜棟   }からなる
- 〜人
- グループ
- 要素

～からする

Ⓝ(50万円) + からする

◆「～か、それ以上する」という意味で、値段が高いことを強調する。
✎ 前には「具体的な金額を表す語」が来る。

1 50万円**からする**時計を盗まれたそうで、その男性は、すっかり落ち込んでいた。
2 会場には、1台数千万円**からする**超高級車も展示してあった。

～に上る ★

Ⓝ(200万人) + に上る

◆「～にも達する」という意味で、量が非常に多いことを表す。
✎ 前には「具体的な量を表す語」が来る。

● いっしょによく使うことば
［～人　～円
　～校　～社　］に上る
　～カ国

1 「さっぽろ雪まつり」には、毎年200万人**に上る**観光客が訪れる。
2 新聞によると、現在、国内の失業者の数は300万人**に上る**そうだ。
3 この間に日本赤十字社に寄せられた募金は、合計で5000万円**に上った**。

ドリル

次のa, bのうち、正しいほうを選びなさい。

1　その山を訪れる観光客は1年に7万人（a. にのぼる　b. からのぼる）。
2　90キロ（a. からある　b. からする）父の介護をするのは大変だけど、頑張るしかない。
3　健康は、栄養・運動・睡眠の3つの要素（a. からなる　b. からする）。
4　政府はA国に20人（a. からなる　b. でなる）医療チームを派遣することにした。
5　20代で800万円（a. からする　b. までする）高級車を買うなんて、すごいですね。
6　山を登る途中、直径が1メートル（a. からする　b. からある）岩石が落ちてきて、死ぬかと思った。
7　調査によると、この病気に苦しむ人は国内で10万人（a. からある　b. にのぼる）そうです。
8　この「新・日本の歴史」は、全部で25冊（a. からする　b. からなる）シリーズです。

グループC ものの様子や性質などを表す

C-2 〜のごとく・〜のごとき／〜ごとき／〜かのごとく・〜かのごとき

- 「ごとく」を使った表現。

〜のごとく・〜のごとき

📖 「〜のように」「〜のような」という意味。
✏️ やや硬い調子の表現。

1. いつも**のごとく**、今日の会議も部長の話は長かった。
2. 当然**のごとく**、彼女は山田さんの隣に座った。
3. 受賞者は、以下**のごとく**3名に決定した。
4. 恋は嵐**のごとく**、過ぎ去って行った。
5. 昔の彼と比べると、まるで別人**のごとき**優しさだ。

Ⓝ(別人) + の + ごとく

● いっしょによく使うことば
[当然　いつも] のごとく

注)「以下のごとく」と「次のごとく」「下記のごとく」は同じ。

〜ごとき

📖 「〜なんか」という意味。「〜」に対する軽視の気持ちを表す。
✏️ 前には「軽視の対象になっているもの」が来る。

1. あいつ**ごとき**に負けるはずがない。
2. 私**ごとき**が、そんな大事な仕事を任されていいんでしょうか。
3. 今ものすごく忙しいから、風邪**ごとき**で休んでいられないよ。
4. 携帯**ごとき**に、何万円も使うのはもったいない。

Ⓝ(あいつ) + ごとき

● いっしょによく使うことば
[あいつ　私]
[〜さん　学生] ごとき

〜かのごとく・〜かのごとき

◆「まるで〜のように」という意味。「実際は違うのに」というニュアンスが含まれる。

◆前には「文や句」が来ることが多い。

1 あんな騒ぎの後だったのに、彼女は何事もなかった**かのごとく**振舞っていた。

2 そのロボットはまるで生きている**かのごとく**、なめらかな動きをしていた。

3 彼女の人気と実力を証明する**かのごとく**、初のCDは爆発的なヒットを続けている。

4 あたかも、この方法が一番安全である**かのごとき**説明だったが、非常に疑わしく感じた。

5 彼女はいつも、まるで女優か何**かのごとく**、気取っている。

[ふつう]（何事もなかった）
　　　　　　　＋ かのごとく
※Na(である)／N(である)
　　　　　　　＋ かのごとく

●いっしょによく使うことば

［まるで　　　　]
　あたかも　　　 かのごとく
　いかにも　　　]

ドリル

次のa, bのうち、正しいほうを選びなさい。

1 田中さんは、まるで太陽の（a. ごとく　b. ごときに）明るい性格の人だ。

2 仕事で疲れているのか、弟は（a. 実際に　b. まるで）死んでいるかのごとく寝ている。

3 彼の意見を否定する（a. ごとき　b. かのごとく）、彼女は何も答えなかった。

4 たった一回の失敗（a. ごとき　b. ごとく）であきらめる必要はありません。

5 これまでは、あたかもそれが事実である（a. ごときの　b. かのごとき）報道がなされてきた。

6 彼は（a. あたかも　b. 今にも）その場で見てきたかのごとく、事件について詳細を語った。

7 私（a. ごとき　b. ごとく）が社長に意見を言うなんて、できるはずがありません。

8 この絵を見ていると、まるで自分がこの風景の中にいるかの（a. ごとく　b. ごとき）感じられる。

グループC　ものの様子や性質などを表す

C-3 ～(も)同然／～めく・～めいた／～ぶる

● そのように感じられることを表す。

～(も)同然

📖 「～とほとんど同じだ」という意味。
✏️ 前には「実際には違うが、そのように思えること」が来る。

1. 彼女とは子供の頃から大の仲良しで、姉妹**も同然**でした。
2. 最愛の妻を失って、彼の人生は終わった**も同然**だった。
3. この第3章が終われば、本はもう出来上がった**も同然**だ。

Ⓥふ(死んだ)
Ⓝ(姉妹)　　 }(も)同然

● いっしょによく使うことば

[死んだ　終わった
　できた　勝った　](も)同然
[家族　兄弟　娘]

～めく・～めいた ★

📖 「～のような感じになる」という意味。
✏️ 後に名詞を続ける場合は「～めいたN」の形。

1. だんだん暖かい日が増え、春**めいて**きた。
2. 彼の証言で、事件はさらに謎**めいて**きた。
3. 彼は突然、冗談**めいた**言い方でプロポーズをしてきたんです。でも、目はとても真剣でした。
4. 昨日もずい分話し合ったが、結論**めいた**ものはまだない。

Ⓝ(春) + めく

● いっしょによく使うことば

すっかり [春
　　　　　 冬　] めく
　　　　　 謎

[冗談　謎　結論
　批判　説教　] めいた～

72

～ぶる

◆「わざと～に見えるように振舞う」という意味。

✎ ほとんどの場合、非難の意味が込められる（**3**は例外的）。

1 彼女は親切**ぶって**いるが、陰で人の悪口ばかり言っている。

2 田中さんは、先輩**ぶって**新人にいろいろ説教していた。

3 彼は中学時代、寂しくて、悪**ぶる**ことで周りに関心を持ってもらおうとした。

Ⓐ（悪い）＋ ぶる
Ⓝa（親切な）＋ ぶる
Ⓝ（先輩）＋ ぶる

● いっしょによく使うことば

| 悪い　偉い |
| 親切　まじめ | ぶる

| 学者　先輩 |
| 大人　いい子 |
| 被害者　善人 | ぶる
| 上品 |

㊟ 慣用的表現の「ぶりっ子」は「いい子ぶる・可愛い子ぶる人」の意味。

ドリル

次のa, bのうち、正しいほうを選びなさい。

1. 彼女の（a. 上品　b. わがまま）ぶったところが、私は苦手なんです。
2. むこうは中心選手が二人も出られないから、うちが勝った（a. に同然　b. も同然）だ。
3. 日がだんだん短くなって、すっかり秋（a. めいてきた　b. めいてみた）。
4. 彼は（a. 親切ぶって　b. 親切そうぶって）手伝ってくれたが、あとでお礼を要求してきた。
5. 二人は結婚しなかったが、30年間一緒に暮らして、夫婦（a. 同然　b. でも同然）だった。
6. 被害者（a. ぶって　b. めいて）いるが、彼らは事故とは直接関係なく、何の損害もないはずだ。
7. 彼は謎（a. めいた　b. も同然の）メモを残して去って行った。
8. 今回の政府の決定について、批判（a. めく　b. めいた）記事は特にないようだ。

グループC　ものの様子や性質などを表す

C-4 ～ずくめ／～まみれ

● 一面がそればかりである様子を表す。

～とあいまって

● 別のものが足されることでさらに特徴が増す様子を表す。

～ずくめ ★★★

📖 「～ばかりである」という意味。
✏️ 色以外は、「ある時期または普段の生活の様子」について述べる。

1. 石井さんは子供もできたし、課長にもなったし、最近、いいこと**ずくめ**だね。
2. このバンドのメンバーは、いつも全身黒**ずくめ**の服を着ている。
3. 毎日仕事**ずくめ**で、家で家族と一緒に夕飯を食べることはほとんどない。

Ⓝ(いいこと) + ずくめ

● いっしょによく使うことば

黒　白	
いいこと	
嬉しいこと	
楽しいこと	ずくめ
辛いこと	
ごちそう	
仕事　規則	

注 前に付く語がかなり限られる表現。

～まみれ ★★

📖 「～が全体にわたって付いた状態」という意味。
✏️ 前には「汚いもの」などが来る。

1. 雨の中、選手たちは泥**まみれ**になりながら、必死でボールを追い続けた。
2. 〈ニュース〉爆発の勢いはすさまじく、全身血**まみれ**で病院に運ばれた人もいた模様です。
3. 部屋の隅に、昔の教科書がほこり**まみれ**の状態で置いてあった。

Ⓝ(泥) + まみれ

● いっしょによく使うことば

血　汗　油	
泥　ほこり	まみれ
うそ　お金	

注 前に付く語がかなり限られる表現。

〜とあいまって ★★★

◆「〜と一緒になって」という意味。ほかのものが加わってより効果が増すことを表す。

✐「AとあいまってB」のA、Bでは、Bが基本的、結論的な事柄。

1 おしゃれな雰囲気**とあいまって**、料理がとてもおいしく感じられた。

2 過労による寝不足**とあいまって**、風邪がなかなか治らない。

3 山一面の紅葉は、秋の青空**とあいまって**、とてもきれいでした。

Ⓝ(雰囲気) ＋ とあいまって

注 「〜があいまって」「〜もあいまって」もよく使われる。

例 昨今の円高もあいまって、特に輸出産業は厳しい状況だ。

ドリル

次のa, bのうち、正しいほうを選びなさい。

1 彼女ができたり試験に合格したり、最近嬉しいこと（a. にずくめ　b. ずくめ）だ。

2 昨日の夕食は、すしに天ぷらにステーキと、まさにごちそう（a. まみれ　b. ずくめ）だった。

3 使いやすいのはもちろん、かわいいデザイン（a. と相まって　b. で相まって）人気の商品です。

4 今日は朝から会議（a. ずくめの　b. ずくめだった）一日で、すごく疲れた。

5 父は、倉庫の奥からほこり（a. ずくめ　b. まみれ）になった小さな段ボール箱を持ってきた。

6 冬の寒さ（a. ずくめで　b. と相まって）、夜のこの通りはずいぶん寂しい雰囲気だ。

7 彼は油（a. のまみれ　b. まみれ）になっても気にせず、一生懸命車を修理してくれた。

8 友達が、汗（a. まみれ　b. ずくめ）になりながら、引っ越しを手伝ってくれた。

実戦練習　C-1、C-2、C-3、C-4

問題1　次の文の（　　）に入れるのに最もよいものを、1・2・3・4から一つ選びなさい。

1　2011年現在、EUに加盟している国は27カ国（　　　　）。
　　1　からする　　2　からある　　3　にのぼる　　4　も同然だ

2　こんな割引券（　　　　）で大喜びすることもないけど、やっぱりちょっと嬉しい。
　　1　ごとき　　2　ごとく　　3　ずくめ　　4　ぶること

3　ネットでその映画に関する批評を見ると、一部に（　　　　）コメントも見られるが、概ね好評だ。
　　1　批判めいた　　　　　　2　批判まみれの
　　3　批判からなる　　　　　4　批判とあいまった

4　高校は寮生活で規則（　　　　）だったので、大学に入ってすごく自由な気分です。
　　1　まみれ　　2　ずくめ　　3　かのごとく　　4　も同然

5　作品を通じて流れる軽快な音楽（　　　　）、とても楽しい映画でした。
　　1　からなって　　2　まみれで　　3　ぶって　　4　とあいまって

6　生産量を大幅に増やすため、1台数千万円（　　　　）機械が導入された。
　　1　からする　　2　からなる　　3　ごとく　　4　ずくめの

7　この記事ではまるで事実である（　　　　）書かれているが、実際のところはまだはっきりしていない。
　　1　ごとく　　2　かのごとく　　3　も同然で　　4　とあいまって

8　そんな汗（　　　　）手でさわらないで。きれいにしているんだから。
　　1　のごとき　　2　ずくめの　　3　まみれの　　4　も同然の

9　中学生になってから少し悪（　　　　）いるけど、本当は優しい子なんです。
　　1　がって　　　2　ふざけて　　　3　ぶって　　　4　めいて

10　全部で500ページ（　　　　）資料に目を通さなければならない。
　　1　も同然の　　　　　　　　　2　とあいまって
　　3　ずくめの　　　　　　　　　4　からある

問題2　次の文の＿★＿に入る最もよいものを1・2・3・4から一つ選びなさい。

1　＿＿＿＿　＿＿＿＿　＿★＿　＿＿＿＿　とても迫力あるものでした。
　　1　からなる　　　　　　　　　2　約50名
　　3　オーケストラの　　　　　　4　演奏は

2　彼は、＿＿＿＿　＿＿＿＿　＿★＿　＿＿＿＿　の持ち主だ。
　　1　熱い情熱　　2　ごとく　　3　太陽の　　4　まるで

3　大量のリードをしていたので、＿＿＿＿　＿＿＿＿　＿★＿　＿＿＿＿　逆転されてしまった。
　　1　も同然だ　　　　　　　　　2　もう
　　3　と思っていたら　　　　　　4　勝った

4　彼は＿＿＿＿　＿＿＿＿　＿★＿　＿＿＿＿　振る舞うけど、実はそうでもない。
　　1　知っている　　2　いかにも　　3　何でも　　4　かのごとく

5　A社が急成長したのは、その高い商品開発力＿＿＿＿　＿＿＿＿　＿★＿　＿＿＿＿　だろう。
　　1　流れ　　2　だけでなく　　3　時代の　　4　もあいまってのこと

グループC ものの様子や性質などを表す

C-5

～ながら(に/にして/の)
～ながら(も)

● 「ながら」を使った表現。

～とばかりに

● 「～ばかり」を使った表現。

～ながら(に/にして/の)

📖 「～のままで」「～のままの」という意味。
✏️ 慣用的な表現で、一緒に使える言葉は限られる。

1. この会社では、今でも昔**ながら**の方法でみそを作っている。
2. おばさんの家を訪ねると、いつも**ながら**においしい手料理で迎えてくれた。
3. モーツァルトはまさに生まれ**ながら**の天才で、小さい頃からその才能で周囲を驚かせた。
4. 当社の通信講座で、家にい**ながら**にして、本格的に絵の描き方を学ぶことができます。
5. 女性は、当時の辛い体験を涙**ながら**に語ってくれた。

Ⓥます(生まれ)　　　＋ ながらに/の
Ⓝ (いつも)

● いっしょによく使うことば

｜ いつも　昔　　｜
｜ 生まれる　　　｜ ながらに/の
｜ いる　涙　　　｜

～ながら(も) ★

📖 「～(する/である)が、それでも」という意味。
✏️ 「AながらB」のBは、Aと対照的な内容。

1. あまり使わないだろうと思い**ながら**も、つい買ってしまった。
2. 正社員を希望し**ながら**も、契約社員での採用となる場合も多い。
3. 彼は学生であり**ながら**、アルバイトで月に20万円も稼いでいる。
4. 地味**ながら**、なかなかいい作品だと思う。

Ⓥます/ない(思い)
Ⓝ(学生)+(であり)　　＋ ながらも
Ⓐ(小さい)
Ⓝa(残念)

● いっしょによく使うことば

｜ 小さい　　　　　｜
｜ 残念　地味　　　｜
｜ 新人　子供　　　｜ ながら(も)
｜ 調子が悪い　　　｜
｜ ～であり　　　　｜

㊟「残念ながら」は慣用句的表現。
例 残念ながら、不合格でした。

～とばかりに ★★

📖 「実際は違うが、いかにも～という様子で」という意味。
✏️ 前には「文、あるいはそれが短くなった句や名詞」が来る。

文／句／Ⓝ ＋ とばかりに

● いっしょによく使うことば
「 自分は関係ない　　　　　]
  これをチャンス　　 とばかりに
  この時　ここぞ　　　　　]

※ 自分のことには使わない。

1. 彼は、学歴がすべて**とばかりに**、自分より学歴の低い人を下に見る。
2. みんなで話し合っている間も、自分は関係ない**とばかりに**、彼はずっと本を読んでいた。
3. 〈スポーツで〉A大学が続けてミスをすると、(ここが)チャンス**とばかりに**、B大学が反撃に出た。
4. この時**とばかりに**、何人かが反対意見を言った。

ドリル

次のa, bのうち、正しいほうを選びなさい。

1. 父は、おまえが悪い（a. とばかりに　b. ながらも）私をにらみつけた。
2. 彼女は涙（a. ながらの　b. ながらに）自分の失敗を認めた。
3. この店では、昔（a. のながらの　b. ながらの）方法で豆腐を作っている。
4. うちは、お金はない（a. とばかりに　b. ながらも）幸せな家庭だったと思う。
5. 彼女は真実を（a. 知りながらも　b. 知らながらも）私に教えなかった。
6. アリさんは、自分が一番えらい（a. というばかりに　b. とばかりに）、いつもいばっている。
7. 彼女は、迷惑だ（a. とばかりに　b. ながらに）、こちらからのメールには一切返事をくれない。
8. 将来は、小さい（a. ながらも　b. ながらの）庭がある家に住みたい。

グループ C　ものの様子や性質などを表す

C-6　〜ては／〜つ…つ

● 連続する動作に関する表現。

〜ともなく／〜ともなしに

● はっきりしない様子を表す。

〜ては

📖 ①「〜するといつも」「〜したら必ず」という意味。②「AてはB、AてはB」の形で、「AしてBして、AしてBして」という意味。

✏ ①後には「繰り返される動作・行為」が来る。

1. うちの姉は、あちこちのセールに行っ**ては**、いらない物を買ってくる。(①)
2. 父は写真が趣味で、暇を見つけ**ては**カメラを持ってどこかに出かけます。(①)
3. その仕事は本当に退屈で、早く終わらないかと、時計を見**ては**ため息をついていました。(①)
4. 書い**ては**消し、書い**ては**消し、やっとレポートを完成させた。(②)
5. 食べ**ては**寝、食べ**ては**寝という生活だったので、少し太ったみたいです。(②)

① Ⓥて(行って) ＋ は
② Ⓥて(書いて) ＋ は Ⓥて(消して)

〜つ…つ

📖「〜たり〜たり」という意味で、同じ動作や反対の動作が何度も繰り返される様子を表す。

✏ ます形、受身形の順で同じ動詞を繰り返す。

1. 〈スポーツ放送〉前を行く二人は、抜き**つ**抜かれ**つ**の激しいトップ争いを演じています。
2. 〈生演奏をする店で〉店は大変な混雑で、押し**つ**押され**つ**して、何とか自分の席までたどり着いた。
3. 彼はさっきから、店の前を行き**つ**戻り**つ**している。

Ⓥます(押し) ＋ つ
　＋ Ⓥれ(押され) ＋ つ
Ⓥます(行き) ＋ つ
　＋ Ⓥます(戻り) ＋ つ

● よくいっしょに使うことば

| 押す　追う |
| 抜く　持つ | つ〜つ
| 行く／戻る |

注 一緒に使う言葉は限られる。

〜ともなく・〜ともなしに ★★

📖 「特に〜ではなく」

🖊 前には「疑問詞＋動詞」「疑問詞＋助詞」の句が来ることが多い。

Ⓥる（行く）
　　＋ともなく／ともなしに
[疑問詞＋助詞]＋ともなしに

1. 連休の間は、どこへ行く**ともなく**、家でのんびり過ごしていました。
2. 何を買う**ともなしに**デパートに行ったら、このスカートが目に止まったんです。
3. 彼はすごく耳が大きいので、いつから**ともなしに**、みんなから「ミッキー」と呼ばれるようになった。

ドリル

次のa, bのうち、正しいほうを選びなさい。

1. 明日のレースは、（a. 抜いては　b. 抜きつ抜かれつ）の激しい展開が予想される。
2. 桜井さんは、面白いことを（a. 言うともなく　b. 言っては）みんなを笑わせてくれる。
3. 隣のおばさんは、旅行に（a. 行っては　b. 行っても）お土産を買ってきてくれる。
4. いいこともあれば悪いこともある。人生は（a. 浮きつ沈みつ　b. 浮くつ沈むつ）だ。
5. すばらしいスピーチに、どこから（a. ともなく　b. とでもなく）拍手が起こった。
6. （a. 読みつ読まれつ　b. 読むともなしに）雑誌を見ていて、面白い記事を見つけた。
7. 彼はお酒を（a. 飲んでは　b. 飲みつ飲まれつ）ひどく酔っ払うので、みんな困っている。
8. 夕方になると、（a. どこからともなく　b. どこともなしに）たくさんの鳥がここに集まってくる。

グループC ものの様子や性質などを表す

C-7 ～ずにはおかない・～ないではおかない／～ずにはすまない／～を余儀なくされる

● ある事柄が原因となって、新たな変化や動きが引き起こされる様子を表す。

～きらいがある

● 好ましくない傾向や性質があることを表す。

～ずにはおかない・～ないではおかない

📖 「～しなければ、気が済まない」または「自然に～てしまう」という意味。

🔗 前には「強い感情」や「何かの強い力」を表す内容が来る。

1. この問題について、議会は彼の責任を追及せ**ずにはおかない**だろう。
2. 母は最近の妹の様子を見て、ひとこと言わ**ずにはおかなっ**たんでしょう。
3. アメリカの金融問題は、世界経済に影響を与え**ずにはおかない**だろう。
4. この映画は、幼いころの父との思い出を思い出させ**ずにはおかなかった**。
5. 彼女には、人をひきつけ**ないではおかない**魅力がある。

Ⓥない（言わ）
Ⓥ（「する」「する動詞」）（追求せ）
Ⓥせる（思い出させ）
　＋ ずにはおかない
　　 ないではおかない

● いっしょによく使うことば

影響を与える
感じさせる
ひきつける
魅了する　　ずにはおかない
感動させる
想像させる
言う

～ずにはすまない

📖 「～しないわけにはいかない」「～しなければ許されない」という意味。

🔗 前には「しなければならなくなったこと」が来る。

1. このような問題を起こしたのだから、部長は責任を取ら**ずにはすまない**。
2. お世話になった先生のパーティーだから、出席せ**ずにはすまない**だろう。
3. 彼には本当に助けてもらった。一言お礼を言わ**ずにはすまない**気持ちだ。

Ⓥない（謝ら） ＋ ずにはすまない

● いっしょによく使うことば

謝る
行く　　ずにはすまない
言う

～を余儀（よぎ）なくされる ★★

◆「仕方（しかた）なく、そうしなければならない状況（じょうきょう）になる」という意味（いみ）。
✎ 前（まえ）には「本来避（ほんらいさ）けたかったこと」が来（く）る。

1. 支持率（しじりつ）の急落（きゅうらく）により、首相（しゅしょう）は辞任（じにん）**を余儀（よぎ）なくされた**。
2. 彼（かれ）は仕事（しごと）のしすぎで体調（たいちょう）を崩（くず）し、入院（にゅういん）**を余儀（よぎ）なくされた**。
3. この新（しん）プロジェクトは、資金不足（しきんぶそく）で、計画（けいかく）の変更（へんこう）**を余儀（よぎ）なくされた**。

Ⓝ(辞任) + を余儀なくされる

● いっしょによく使（つか）うことば

｜ 辞任
｜ 中止
｜ 変更 ｜ を余儀なくされる
｜ 引退
｜ 解散

～きらいがある

◆「～という傾向（けいこう）や性質（せいしつ）がある」という意味（いみ）。
✎ 前（まえ）には「好（この）ましくない傾向（けいこう）」などが来（く）る。

1. うちの部署（ぶしょ）は、どうも会議（かいぎ）が長（なが）くなる**きらいがある**。
2. 最近（さいきん）の新入社員（しんにゅうしゃいん）は、自分（じぶん）で調（しら）べずにすぐに人（ひと）に質問（しつもん）する**きらいがある**。
3. ソファーはくつろげていいけど、場所（ばしょ）をとる**きらいがある**。

Ⓥる(質問する) ｝
Ⓝ(低下)＋の ｝ ＋ きらいがある

● いっしょによく使（つか）うことば

｜ どうも ｜
｜ やや　 ｜ ～きらいがある

㊟ 自分のことには使えない。書き言葉。

ドリル

次（つぎ）のa, bのうち、正（ただ）しいほうを選（えら）びなさい。

1. この作品（さくひん）は人々（ひとびと）に感動（かんどう）を与（あた）えない（a. では　b. には）おかないだろう。
2. 借（か）りたものを壊（こわ）してしまったので、弁償（べんしょう）しない（a. では　b. には）すまない。
3. あんなひどいことを言（い）われた以上（いじょう）、一言（ひとこと）（a. 謝（あやま）らない　b. 謝（あやま）らせない）ではおかない。
4. 彼女（かのじょ）は小（ちい）さいことを悩（なや）みすぎる（a. きらいがある　b. 余儀（よぎ）なくさせる）。
5. 彼（かれ）の言葉（ことば）は私（わたし）を不安（ふあん）にさせない（a. ではすまない　b. ではおかない）。
6. 親戚（しんせき）がみんな集（あつ）まるので、私（わたし）も行（い）かず（a. にはすまない　b. にはおかない）だろう。
7. 沖縄行（おきなわい）きの飛行機（ひこうき）は、台風（たいふう）の接近（せっきん）により欠航（けっこう）（a. を余儀（よぎ）なくされた　b. せずにはおかない）。
8. 彼（かれ）には一言文句（ひとこともんく）を言（い）わず（a. では　b. には）すまない。ほんとに不愉快（ふゆかい）だ。

実戦練習 　C-5、C-6、C-7

問題1 次の文の（　　　）に入れるのに最もよいものを、1・2・3・4から一つ選びなさい。

1　山田君は、先生の研究室の前で（　　　）して、なかなか入ろうとしない。
　　1　行っては戻っては　　　　　　2　行きつ戻りつ
　　3　行くともなしに　　　　　　　4　行かず戻らず

2　窓の外を見（　　　）見ていると、雪が降ってきた。
　　1　ずにはいられず　　　　　　　2　ては
　　3　るともなしに　　　　　　　　4　つ

3　世界中の誰もが彼女の才能に魅了（　　　）だろう。
　　1　されずにはおかない　　　　　2　せずにはおかない
　　3　を余儀なくされる　　　　　　4　しないではすまない

4　私の送別会だから、挨拶を（　　　）。
　　1　させずにはおかない　　　　　2　するきらいがある
　　3　せずにはおかない　　　　　　4　せずにはすまない

5　被災地では、避難した人々が不自由な生活を（　　　）。
　　1　余儀なくされている　　　　　2　せずにはすまない
　　3　しないではおかない　　　　　4　するきらいがある

6　部長が参加する会議は、どうも長く（　　　）。
　　1　して余儀なくされる　　　　　2　ならずにはおかない
　　3　なるきらいがある　　　　　　4　せずにはすまない

7　彼女は最近、鏡を（　　　）ため息ばかりついている。
　　1　見つ　　　　　　　　　　　　2　見ては
　　3　見るともなく　　　　　　　　4　見るきらいがあって

84

8 彼の提案には、みんなを納得（　　　　　）説得力があった。
　1　させずにはおかない　　　　　2　せずにはおかない
　3　させずにおく　　　　　　　　4　せずにおく

9 彼女への手紙を書（　　　　　）、ようやく1週間かけて書き上げた。
　1　きつ消しつ　　　　　　　　　2　くともなく消すともなく
　3　いては消し書いては消し　　　4　きつつ消しつつ

10 2チームによる（　　　　　）の激しい優勝争いは、最後まで続きそうだ。
　1　追っては追われては　　　　　2　追っては追わせては
　3　追いつ追わせつ　　　　　　　4　追いつ追われつ

問題2　次の文の ＿＿★＿＿ に入る最もよいものを1・2・3・4から一つ選びなさい。

1 彼はお酒が好きで、＿＿＿ ＿＿＿ ★ ＿＿＿、迷惑がられている。
　1　飲みに　　　2　は　　　3　周りの人を　　　4　誘って

2 今日は一日中ひまで、＿＿＿ ＿＿＿ ★ ＿＿＿ してしまった。
　1　ごろごろ　　2　する　　3　何を　　　4　ともなしに

3 監督の最高傑作とも言われるこの作品は、＿＿＿ ＿＿＿ ★ ＿＿＿ だろう。
　1　見る人　　　2　感動させず　　3　すべてを　　　4　にはおかない

4 けがが重なり、彼はプロ野球界 ＿＿＿ ＿＿＿ ★ ＿＿＿ された。
　1　を　　　2　引退　　　3　からの　　　4　余儀なく

5 最近、子供の教育について、日本語よりも ＿＿＿ ＿＿＿ ★ ＿＿＿ がある。
　1　きらい　　2　のほうを　　3　英語　　　4　重視する

グループD　評価(ひょうか)

D-1 ～極(きわ)まる／～極(きわ)まりない／～の極(きわ)み／～の至(いた)り

● 何(なに)かの状態(じょうたい)や話者(わしゃ)のある感情(かんじょう)が最高(さいこう)のレベルであることを表(あらわ)す。

～極(きわ)まる ★

📖 「～であることが最高点(さいこうてん)に達(たっ)する」ことで、「この上(うえ)なく～／非常(ひじょう)に～」という意味(いみ)。

✏️ 「好(この)ましくないこと」に付(つ)く場合(ばあい)が多(おお)い。

1. これだけの事故(じこ)を起(お)こして謝罪(しゃざい)も補償(ほしょう)もしないなんて、無責任(むせきにん)**極(きわ)まる**。
2. こんな夜遅(よるおそ)くに大(おお)きな音(おと)で音楽(おんがく)をかけて、迷惑(めいわく)**極(きわ)まる**！
3. 社長(しゃちょう)の新年(しんねん)の挨拶(あいさつ)は、退屈(たいくつ)**極(きわ)まる**話(はなし)だった。

～極(きわ)まりない

📖 「この上(うえ)なく～／非常(ひじょう)に～」という意味(いみ)。「限(かぎ)りがないほどだ」と、あきれた気持(きも)ちを強(つよ)く込(こ)めた表現(ひょうげん)。

✏️ 「好(この)ましくないこと」に付(つ)く場合(ばあい)が多(おお)い。

1. 睡眠不足(すいみんぶそく)の状態(じょうたい)で高速道路(こうそくどうろ)を走(はし)るなんて、危険(きけん)**極(きわ)まりない**。
2. タバコが嫌(きら)いな人(ひと)にとっては、タバコの臭(にお)いは不愉快(ふゆかい)**極まりない**ものなんです。
3. 大勢(おおぜい)の前(まえ)でこんなミスをするなんて、恥(は)ずかしいこと**極(きわ)まりない**。

🆖 (失礼な) + きわまる

● いっしょによく使うことば

[🆖 :
失礼　危険
残酷　複雑　　] きわまる
贅沢　不愉快
非常識

㊟ 「感極(かんきわ)まる」は慣用句的(かんようくてき)な表現(ひょうげん)で、「感情(かんじょう)が限界(げんかい)に達(たっ)する」という意味(いみ)。

例 娘(むすめ)さんの花嫁姿(はなよめすがた)を見(み)て、ご両親(りょうしん)は感極(かんきわ)まって泣(な)いていた。

Ⓐ (恥ずかしい)
　　こと + きわまりない

🆖 (不愉快)+(なこと)
　　　　+ きわまりない

● よくいっしょに使うことば

[Ⓐ :
ばかばかしい
図々しい　　] こと 極まりない
恥ずかしい
～にくい

[🆖 :
失礼　迷惑　危険
残酷　面倒　複雑　] 極まりない
無責任　不愉快
非常識

● 似(に)ている文型(ぶんけい)

～ことこの上(うえ)ない

㊟ 「極(きわ)まる」より「極(きわ)まりない」のほうが強(つよ)い調子(ちょうし)。

～の極み ★

📖「最高に～」「この上なく～」という意味。
✏️ 前には「普通と違う様子」を表す語が来る。

N（感激）＋ の極み

● いっしょによく使うことば

歓喜　感激	
贅沢　混乱	の極み
無知　無念	

1 〈パーティーで〉今日はこのような盛大な会を開いていただき、感激**の極み**です。
2 あちこちで暴動が起こり、街は混乱**の極み**に達している。
3 こんな広い部屋に専用のプールも付いているなんて、贅沢**の極み**だ。

～の至り ★

📖「最高に～」「この上なく～」という意味。
✏️「～の至り」は慣用句的な表現が多い。硬く、普段あまり使わないものが多いが、「若気の至り」はよく使われる（→注）。

N（光栄）＋ の至り

● いっしょによく使うことば

光栄	
若気	の至り
恐縮	

1 こんなすばらしい賞をいただき、光栄**の至り**です。
2 学生のころは、若気**の至り**でけんかをしたこともありました。

注 若気の至り……若者らしい意欲や積極性、大胆な行動が、逆に悪い結果を招いてしまうこと。

ドリル

次のa, bのうち、正しいほうを選びなさい。

1 父親のスピーチが始まると、花嫁は感（a. きわまって　b. のきわみで）泣き出してしまった。
2 年配の人にそんな言い方をするなんて、失礼（a. きわまらない　b. きわまりない）やつだ。
3 こんな時間にセールスの電話をかけてくるなんて、非常識（a. の至りだ　b. きわまりない）。
4 隣の人の新聞が何度も顔に当たって、（a. うっとうしいこと　b. うっとうしく）きわまりなかった。
5 その事故現場は、悲惨（a. きわまりない　b. のきわまりない）状況だった。
6 せっかくのチャンスを逃したなんて、無念（a. のきわみ　b. がきわみ）です。
7 心身共に疲労（a. きわまって　b. のきわみに）達していた。
8 若気（a. の至りで　b. のきわみで）、アルバイト先の店長によく文句を言っていた。

グループD　評価

D-2 ～なくして(は)…ない／～あっての／～が欠かせない／～(を)抜きには…ない／～をおいては…ない

● 大切で不可欠な存在であることを強調する。

～なくして(は)…ない ★★★

📖 「AなくしてBない」の形で「Aがなかったら、B(の成立)はない」という意味。
✏️ 前には「大事なこと、肝心なこと、軽視してはいけないこと」が来る。

1. 地域の発展**なくして**、国の発展は**ない**。
2. 外国語学習は続けることが大切です。継続**なくして**成長な**し**、です。
3. 町の人々の意識を変えること**なくして**、この問題の解決はのぞめ**ない**。

Ⓝ(努力) ＋ なくして ＋ ～ない
Ⓥる(変える) ＋ こと ＋ なくして ＋ ～ない

● いっしょによく使うことば

[努力／継続／挑戦／発展] なくして…ない

～あっての ★

📖 「Aという存在があって初めてB(の成立)がある」という意味。
✏️ 前には「その存在が大きく、決定的な意味を持つもの」が来る。

1. 〈インタビューで〉ファンの皆さんの応援が**あっての**勝利です。ありがとうございました。
2. 何事も基礎が**あっての**応用だから、まずは基礎をしっかり身につけよう。
3. お客さん**あっての**商売ですから、お客さんの信頼を裏切るようなことはできません。

Ⓝ(練習)＋(が)＋ あっての ＋ Ⓝ(勝利)

● いっしょによく使うことば

[目的　理由／仲間　家族／社会　お客様／仕事] あっての…

～が欠かせない ★★★

📖 「～がどうしても必要だ」という意味。
✏️ 「AにはBが欠かせない」の形で、「目的となるもの」(A)が示される。

Ⓝ(準備) ＋ が欠かせない

● いっしょによく使うことば

[経験　準備／協力　理解] が欠かせない

1 日本料理には、しょうゆが欠かせない。
2 試合で勝つためには、日ごろのトレーニングが欠かせない。
3 この病気の治療には、ワクチンが欠かせないんです。

● いっしょによく使うことば

[理解 / 協力 / 準備] が欠かせない

〜(を)抜きには…ない ★★★

「〜を除いては…できない」という意味。
前には「第一の話題にとって中心的なもの」が来る。

1 今日、私たちの生活は、インターネットを抜きには考えられない。
2 村上春樹といえば、この作品を抜きには語れない。

Ⓝ(インターネット) ＋ (を)抜きには

● いっしょによく使うことば

〜抜きには [語れない / 考えられない / できない / 生きていけない]

注「〜抜きでは…ない」の形もある。

〜をおいて(は)…ない ★★★

「〜のほかには」「〜を置いて、ほかには」という意味。
前には「特定の人や物の名前」が来ることが多い。

1 この仕事を任せられるのは、森さんをおいては誰もいません。
2 このテーマの研究ができるのは、日本ではA大学をおいてはほかにない。

Ⓝ(彼) ＋ をおいて(は)

● いっしょによく使うことば

〜をおいて(は) [考えられない / いない / ほかに〜ない]

ドリル

次のa, bのうち、正しいほうを選びなさい。

1 この辺りでおいしい日本料理と言えば、「富士屋」（a. をおいて　b. でおいて）ほかにはない。
2 彼女の力（a. なくして　b. がなくして）、今回の優勝はなかった。
3 「命（a. があって　b. あっての）人生」だからね。たばこは止めたほうがいいよ。
4 イベントが無事開催できたのも、皆様のご理解が（a. あっての　b. をおいての）ことと感謝しております。
5 黒沢監督を（a. おいて　b. おいての）日本の映画は語れない。
6 事故原因を明らかにすること（a. をおいて　b. なくして）、安全性を取り戻すことはできない。
7 過労で倒れたりしないように、睡眠をしっかりとることが（a. 欠かない　b. 欠かせない）。
8 お互いの信頼関係（a. なくして　b. においては）、チームの力を十分に発揮することはできない。

グループD　評価（ひょうか）

D-3　〜に堪（た）える／〜に堪（た）えない／〜に足（た）る

● 価値や能力、可能性についての評価や判断を示す。

〜に堪（た）える ★

📖 「〜ということに応じるだけの価値・能力がある」という意味。
✏️ 「AにたえるB」←「BをAする」の関係であることが多い。

1. ここの部分には、長期の使用**に堪える**特殊な材質が使われている。
2. 展示会をのぞいてみたが、鑑賞**に堪える**作品はほとんどなかった。
3. しっかり取材して、読む**に堪える**記事を書いてほしい。

Ⓥる（聞く）＋ にたえる
Ⓝ（感謝）**する** ＋ にたえる
※名詞の場合、多くが「する動詞」の名詞形

● いっしょによく使うことば

| 見る　聞く |
| 読む　使用 | に堪える
| 鑑賞　議論 |
| 歴史 |

● 似ている文型
〜に値する

〜に堪（た）えない ★★

📖 「（あまりにひどくて）〜することができない」という意味。
✏️ 前で、困難を感じさせる様子や状況を示す。

1. その交通事故の現場はとても悲惨で、見る**に堪えなかった**。
2. 彼女の同僚に対する悪口は聞く**に堪えない**。
3. 彼の論文は、根拠のない推測ばかりで、批判**に堪えない**ものだった。

Ⓥる（聞く）＋ に堪えない
Ⓝ（鑑賞）＋ に堪えない

● よくいっしょに使うことば

| 見る　聞く |
| 読む　使用 | に堪えない
| 鑑賞　批判 |

注 E-1の「〜に堪えない」を参照。

〜に足る ★

◆「〜するための条件を満たす」「〜するに値する」という意味。
◆前には「一定の評価を表す対象への態度」などが来る。

1. あの人は信頼する**に足る**人だから、話してもいいだろう。
2. このデータは国が発表したもので、信じる**に足る**ものです。
3. あなたの悩みに比べたら、私の問題なんて取る**に足らない**ものです。

Ⓥる(聞く) ＋ に足る
Ⓝ(感謝) ＋ に足る

● いっしょによく使うことば

[尊敬(する)
  信頼(する)   ] に足る [人物 証拠]
  信じる

[取る
  恐るる
  (←恐れる)] に足らない [相手]

注)「恐るるに足らない」は慣用的な言い方。
例) かつては死に至ることもありましたが、ちゃんとした治療を受ければ、恐るるに足らない病気です。

ドリル

次のa, bのうち、正しいほうを選びなさい。

1. 100人もの人を解雇する（a. にたえる　b. にたる）正当な理由はあるのだろうか。
2. 今回は応募作品は少ないものの、どれも鑑賞に（a. たえる　b. たりる）レベルだった。
3. 彼のレポートは誤字だらけで、読む（a. にたえない　b. にたる）ものだった。
4. 商品テストを繰り返しているが、いまだ実用（a. たる　b. にたる）レベルに達していない。
5. 前回の優勝校だけど恐るるに（a. たらない　b. たりる）よ。これだけ練習してきたからね。
6. 食品メーカーとして、消費者の厳しい評価に（a. たえない　b. たえる）品質を確保していかなければならない。
7. 原先生は、尊敬に（a. たえる　b. たる）立派な医者だった。
8. この報道は、果たして信じるに（a. たえる　b. たる）ものだろうか。

グループD　評価

D-4 ～かいがある／～かいがない／～かいもなく

● 「かい」を使った表現

～かいがある

📖「～した意味・効果がある」という意味。
✏️前には「ある目的のためにしたこと」が来る。

1. 練習の**かい(が)あって**、コンクールで優勝できた。
2. 〈新しいゲームソフト〉
   A：新作買ったんだって？　どう？
   B：うん。待った**かいがあった**よ。すごくおもしろい。

3. 2年も勉強するのは大変だけど、それだけの努力をする**かいがある**と思う。
4. A：英会話教室に通い始めたんだって？　どう？
   B：うん。最初は難しく感じたけど、だんだん話せるようになっていくから勉強の**しがいがある**よ。

Ⓝ(努力)の ＋ かいがある
Ⓥた(がんばった) ＋ かいがある
※「する」は「しがいがある」となる。

● いっしょによく使うことば

　苦労
　努力
　勉強　　(の)かいがある
　がんばった
　来た

注：「する」は「しがいがある」(例文4参照)、「やる」は「やりがいがある」になる。

～かいがない ★

📖「～するだけの意味や価値がない」という意味。
✏️前には「努力や苦労などを伴うこと」が来る。

1. こんなきれいな海を見ないで帰ったら、沖縄に来た**かいがない**よ。
2. 感謝の一言もないんじゃ、苦労の**かいもない**ね。
3. 楽しくなければ生きている**かいがない**。

Ⓝ(努力)の ＋ かいがない
Ⓥた(来た) ＋ かいがない
Ⓥる/ている(生きている) ＋ かいがない

● よくいっしょに使うことば

　苦労
　努力
　来た　　(の)かいがない
　わざわざ～

〜かいもなく ★

◆「〜した効果がなく」という意味。
◆後には「残念な結果」などが来る。

1. 治療の**かいもなく**、その少女は短い一生を終えた。
2. 猛勉強した**かいもなく**、また試験に落ちてしまった。
3. 来た**かいもなく**、結局、本人に会えなかった。

Ⓝ(努力)の ＋ かいもなく
Ⓥた(がんばった) ＋ かいもなく

● いっしょによく使うことば

| 治療 |
| 努力 | (の)かいもなく
| がんばった |
| 来た |

ドリル

次のa, bのうち、正しいほうを選びなさい。

1. 残さずきれいに食べてくれて、作ったかいが（a. あった　b. なかった）よ。
2. ここのラーメン、本当においしかった。30分並んだ（a. かいがあった　b. かいもなかった）ね。
3. 今の仕事は給料は高くないけど、（a. やりがいがない　b. やりがいがある）。
4. わざわざ見に行った（a. かいあって　b. かいもなく）、すごくいいコンサートでした。
5. 毎日練習してきたのに、試合に出られないとしたら、努力の（a. かいがない　b. かいではない）というものだ。
6. 節約した（a. かいがなくて　b. かいもなく）、光熱費は先月と同じぐらいだった。
7. 徹夜して（a. 仕上げて　b. 仕上げた）かいもなく、上司から「やり直し」と言われた。
8. 一生懸命応援した（a. かいもなく　b. かいもなし）、3対0で負けてしまった。

実戦練習　D-1、D-2、D-3、D-4

問題1 次の文の（　　　）に入れるのに最もよいものを、1・2・3・4から一つ選びなさい。

1　こんな真夜中に掃除機をかけるなんて、迷惑（　　　　）。
　1　極まりない　　　　　　　　2　の極みだ
　3　が欠かせない　　　　　　　4　にはあたらない

2　退屈（　　　　）映画で、途中で寝てしまった。
　1　にたえる　　2　をおいて　　3　極まる　　4　あっての

3　挑戦（　　　　）成長はないよ。最初からあきらめないで。
　1　あっての　　　　　　　　　2　が欠かせない
　3　なくして　　　　　　　　　4　をおいて

4　次の責任者は、彼をおいて（　　　　）。
　1　ほかにはいないだろう　　　2　ほかの人を選ぼう
　3　してもらおう　　　　　　　4　山下君はどうだろう

5　プロジェクトの成功には、同じ意識を持つ仲間の協力（　　　　）。
　1　おいてはない　　　　　　　2　なくしてない
　3　が欠かせない　　　　　　　4　抜きにはない

6　基礎が（　　　　）応用です。焦らず、基礎をしっかり身につけましょう。
　1　にはあたらない　　　　　　2　のかいがある
　3　にたらない　　　　　　　　4　あっての

7　彼女の主張は理論がしっかりしておらず、議論に（　　　　）ものではなかった。
　1　堪える　　2　あたらない　　3　欠かせない　　4　極まりない

8 いろいろ手を尽くした（　　　　　）、そのネコは死んでしまった。
1　かいもないで　　　　　　　　2　かいもなく
3　かいがあり　　　　　　　　　4　かいあって

9 面接では、練習した（　　　　　）、うまく自分の意見を言うことができた。
1　かいがなく　　　　　　　　　2　かいもなく
3　かいがあって　　　　　　　　4　のかいがあって

10 日本の漫画の歴史は、手塚治虫を抜きには（　　　　　）。
1　欠かせない　　2　語れない　　3　必要ない　　4　極まりない

問題2 次の文の___★___に入る最もよいものを1・2・3・4から一つ選びなさい。

1 あの人がこの研究の第一人者であることを ___ ___ ★ ___。
1　無知の　　　　　　　　　　　2　知らなかった
3　極みだ　　　　　　　　　　　4　なんて

2 この問題は、市民の皆さんの ___ ___ ★ ___ と考えております。
1　できない　　2　解決　　3　ご意見　　4　抜きには

3 早く見つけていれば、___ ___ ★ ___ のに。
1　恐るるに　　2　病気　　3　だった　　4　足らない

4 創立30周年を迎え、わたくしどもも ___ ___ ★ ___。
1　ところで　　2　あります　　3　堪えない　　4　喜びに

5 わざわざ ___ ___ ★ ___、試合はひどい内容で、日本の完敗だった。
1　行った　　2　なく　　3　見に　　4　かいも

グループE　感情・気持ち
かんじょう・きもち

E-1 〜を禁じ得ない／〜に堪えない／〜てやまない

● 強い感情や気持ちを表す。

〜を禁じ得ない ★★★

📖 「〜という気持ちを抑えられない」という意味。

✎ 前には「"わき起こった感情"を表す語」が来る。

1. 住民の声に耳を傾けようとしない政府の不誠実な対応に、怒り**を禁じ得ない**。
2. 彼の幼い頃の辛い体験を聞いて、涙**を禁じ得なかった**。
3. スピーチをした男性の髪型がおかしくて、笑い**を禁じ得なかった**。

Ⓝ(怒り) ＋ を禁じ得ない

● いっしょによく使うことば
　怒り
　悲しみ
　喜び　驚き　　を禁じ得ない
　涙　笑い

〜に堪えない ★★★

📖 「〜するのが我慢できない」「我慢できないほど〜だ」という意味。

✎ 前に来る語は、「見る・聞く・読む」や感情を表すいくつかの名詞に限られる。

1. 〈受賞者のスピーチ〉このような賞をいただき、感激**に堪えません**。
2. 多くの犠牲者が出たことは、非常に悔しく、悲しみ**に堪えない**。
3. ボランティアの皆さんには本当によくしていただき、感謝の念**に堪えない**。

Ⓥる(聞く) ＋ に堪えない
Ⓝ(感謝の念) ＋ に堪えない

● いっしょによく使うことば
　喜び　驚き
　歓喜　　　　　に堪えない
　感謝(の念)

～てやまない ★★

Ⓥて(愛して) + やまない

◆「心から～する」「ずっと～ている」という意味。
✎ 前には「"長く続く心の働き"を表す語」が来る。

●いっしょによく使うことば
[願う　祈る
  信じる
  愛する] てやまない

❶ 故郷を愛してやまなかった彼は、美しい島の自然をたくさんの写真に収めた。

❷ この子たちが元気で学校に通えるようになることを願ってやみません。

❸ 会場には、東京ゴジラズが優勝すると信じてやまない約１千人のファンが集まった。

ドリル

次のa, bのうち、正しいほうを選びなさい。

1　昔世話になった人が亡くなったと聞いて、悲しみに（a. やまない　b. たえない）。

2　こんなに多くの作品を作りながら、どれも最高のレベルを保つなんて、驚き（a. を禁じえない　b. を禁じえる）。

3　飢えや戦争で命を落とす子供がいなくなることを願って（a. やまない　b. やめない）。

4　彼が退院して再び舞台に立つことを（a. 信じ　b. 信じて）やまなかったが、結局かなわなかった。

5　長年付き合いのあった取引先に裏切られて、怒り（a. を禁じ得ない　b. にやまない）。

6　このような素晴らしい大会を開催することができて、喜び（a. がたえません　b. にたえません）。

7　彼の話があまりに悲しいものだったので、皆、涙を（a. やみませんでした　b. 禁じ得ませんでした）。

8　彼も私と同じで、（a. ビートルズを愛してやまない　b. ビートルズに愛を禁じえない）ファンの一人です。

グループE　感情・気持ち

E-2　〜始末だ／〜はめになる／きりがない

●結果や現在の状況に対する否定的・消極的な気持ちを表す。

〜てはいられない／〜てはかなわない

●現在または将来起こりうる状況を拒む気持ちを表す。

〜始末だ

Ⓥる/ている/れる
　＋（という）始末だ

📖「(最後に)〜という悪い状況になる」という意味。
✏️前には「困ったり呆れたりする状況や事態」が来る。

1 この子は今精神的に不安定で、遊んでいても突然泣き出す**始末だ**。

2 彼女は最近ミスが多いね。今日も大事なデータをなくして、課長に怒られる**始末だ**。

3 この大臣はほんとに頼りなくて、記者の質問にもほとんど答えられない**始末だ**。

4 彼は相当お金に困っていて、後輩からも借りている**始末だ**そうだ。

5 事前に全く計画を立てずに行ったので、旅行先でどこに行ったらいいか困る**始末だった**。

〜はめになる

Ⓥる(歩いて行く)
　＋ はめになる

📖「結局〜という困った状況になる」という意味。
✏️前には「困る事態」などが来る。

1 バスに乗り遅れてしまい、駅まで歩いて行く**はめになった**。

2 クレジットカードで買い物しすぎて、支払いに苦しむ**はめになった**。

3 彼女ははっきり断れない性格で、いつも残業させられる**はめになっている**。

4 上着を持たずにサッカーの試合を見に行ったら、風邪を引く**はめになった**。

きりがない

📖 「限りがない」という意味。
✏️ 前には節や句が来る。

1. なかなか希望どおりの部屋が見つからないけど、**きりがない**ので、そろそろ決めるつもりです。
2. ほかにもいろいろ例がありますが、**きりがない**ので、これぐらいにしておきます。
3. 安全を保つために確認すべき点は山ほどあって、挙げたら**きりがありません**。
4. 初めての会社勤めで、不安を言い出したら**きりがありません**。

● いっしょによく使うことば

| 言えば ／ 言い出したら ／ 挙げたら ／ 数え上げたら ／ 上を見れば | きりがない |

～てはいられない

📖 「このまま～し続けることはできない」という意味。
✏️ 前には「継続的な動作・状況」が来る。

1. いつまでも親に甘え**てはいられない**ので、家を出ることにした。
2. 家族のことをばかにされて、黙っ**てはいられなかった**。
3. こんなところでゆっくりし**てはいられない**。急ごう。
4. 気分が悪くなって立っ**ていられなくなった**ので、途中で電車を降りた。
5. 大事な仕事だから、人になんか任せ**ていられない**。

Ⅴて（甘えて） + はいられない

● いっしょによく使うことば

| これ以上 ／ いつまでも ／ ～なんか | ～てはいられない |

～てはかなわない

📖 「～(する)のは耐えられない」という意味。現状への不満や今後への不安を愚痴っぽく述べる。

✒ 前には「耐えられない状況」が来る。

1. これ以上、税金を増やされ**てはかなわない**。
2. 夏とはいえ、こう毎日暑く**てはかなわない**。
3. せっかくここまで準備してきたのに、中止になっ**てはかなわない**。
4. この報告書、間違いだらけじゃないか。こんなに雑**ではかなわんよ**。
5. あとで文句を言われ**てはかなわない**。一応、これも持っていこう。

| Ⓥ る/れ (増やされ)
 Ⓐ (暑く) | ＋ てはかなわない |
| Ⓝₐ (雑)
 Ⓝ (不良品) | ＋ ではかなわない |

● いっしょによく使うことば

［これ以上／こんなに］ ～てはかなわない

ドリル

次のa, bのうち、正しいほうを選びなさい。

1. ちゃんと勉強しなかったので、受けた大学すべてに落ちる（a. はめだった　b. はめになった）。

2. この忙しい時に邪魔をされては（a. かなわない　b. きりがない）から、友達からのメールには返事をしていない。

3. 彼はいつも、わけのわからないことを言うので、最近ではみんなから宇宙人と言われる（a. しまつ　b. はめ）だ。

4. 台風で飛行機が飛ばなくなって、空港で一晩過ごす（a. しまつ　b. はめ）になった。

5. なるべく高性能のカメラがほしいけど、上を見れば（a. きりがない　b. きりがある）ので、10万円くらいで探すことにした。

6. 最近風邪がはやっているけど、これ以上、社員に休まれて（a. はかなえない　b. はかなわない）。

7. 時間がないから、そんなに（a. 待っては　b. 待つのは）いられないよ。ほかの店にしよう。

8. 今回のテストは全く準備不足で、20問中12問も（a. 間違えて　b. 間違える）しまつだ。

グループE　感情・気持ち

E-3 ～といったら／～ときたら／～とは／～だろうに／～のなんの／～(の)やら

● 驚きや感嘆、疑問などの気持ちを込める。

～といったら ★★

📖 「～というものは」という意味で、驚きや感動を強く表す表現。

✏️ 前には主に「形容詞が名詞になった『～さ』や『～こと』」が来る。

1. そこから見る夜景の美しさ**といったら**、言葉に言い表せないほどでした。
2. 彼のお母さんが作る料理のおいしいこと**といったら**、まるでプロ並みですよ。
3. その時負けた時の悔しさ**といったら**、それはもう、大変なものだった。
4. 若い人たちのマナーの悪さ**といったら**、ただただ、あきれるばかりです。
5. この会社の年末の忙しさ**といったら**、半端じゃないんです。

Ⓝ (美しさ) ＋ といったら

● いっしょによく使うことば

[美しさ / 美しいこと / 悔しさ　忙しさ / 見事なこと / 恥ずかしいこと] といったら

～ときたら ★★★

📖 「～について言えば」という意味で、主に人などへの評価、特に不満や非難の気持ちを表す。

✏️ 前には「評価の対象」が来る。

1. うちの息子**ときたら**、勉強もしないで遊んでばかりなんです。
2. マリさんの不注意で失敗したのに、彼女**ときたら**、全然反省してない。
3. 最近の若い人**ときたら**、携帯の画面ばかり見ているけど、本を読んだりしないのかなあ。
4. 先輩**ときたら**、いつも後輩をからかって楽しんでいる。

Ⓝ (息子) ＋ ときたら

● いっしょによく使うことば

[最近の～ / うちの～] ときたら

注 話し言葉的。

～とは ★

📖「～なんて」という意味で、予想外のことに対する驚きや感嘆などの気持ちを表す

✏️前には「驚きを与えた事実」が来る。

1. 彼にそんな趣味があった**とは**、驚いた。
2. 3日も続けて遅刻する**とは**、呆れて言葉が出ない。
3. 人気の店だけど、まさかこんなに混んでいる**とは**思わなかった。

[ふつう] ＋ とは

● いっしょによく使うことば

～とは ｛ 驚く　呆れる
　　　　信じられない
　　　　思わなかった
　　　　知らなかった ｝

～だろうに

📖「(本当は)～と思われるのに」という意味。仮定や推測をして、結果や現状と異なる様子を表す。残念あるいは意外に思う気持ちを含む。

✏️前には「仮定や推測の内容」が来る。

1. 毎日少しずつ復習していれば、試験前に慌てることもなかった**だろうに**。
2. 突然スピーチを頼まれて彼女も困った**だろうに**、素晴らしい内容だった。
3. 彼と結婚していれば楽しい毎日だった**だろうに**、プロポーズを断ってしまったんです。

[ふつう] ＋ だろうに
※ [Na(きれい) N(毎日)]

～のなんの

📖「非常に～」という意味。

✏️前には「感情や感覚を表す言葉」が来る。

1. あの二人が結婚するって聞いた時は驚いた**のなんの**。一緒にいるところを見たことがなかったからね。
2. 雪山登山に初めて挑戦したら、寒い**のなんの**。体が凍るかと思った。
3. そこから見る夜景のきれいな**のなんの**って。あれは感激だよ。

V ふ／A ふ／Na ふ
Na ＋ な ｝＋ のなんの

㊟ くだけた話し言葉。

～(の)やら ★★

📖 「～(の)か」という疑問の意味。答えがわからないという諦めや感嘆の気持ちを強く込める。

✏️ 前に「疑問詞＋V / A /Na/ N」が来るのが基本形。

疑問詞 ＋ Ⓥふ
疑問詞 ＋ Ⓐふ　　　｝＋(の)やら

疑問詞 ＋ Ⓝa＋な
疑問詞 ＋ Ⓝ＋な　　｝＋(の)やら

疑問詞(誰な) ＋ (なの)やら

1 いったい何をテーマに論文を書けばいい**のやら**、考えが浮かばない。

2 最近、この本が売れているそうだけど、どこがいい**のやら**、私にはさっぱりわからない。

3 いい病院を探そうとネットでいろいろ調べたけど、どの情報を信じていい**やら**、わからなくなった。

4 卒業して以来、彼とは一度も会ってないんだよ。今ごろどこにいる**のやら**。

5 このパンフレットを見ただけじゃ、何が得な**のやら**、よくわからない。

● いっしょによく使うことば
～(の)やら ［私には　よく／さっぱり／わからない／覚えていない／思い出せない］

ドリル

次のa, bのうち、正しいほうを選びなさい。

1 この子は頑張れば、もっと成績が伸びる（a. だろうに　b. だろうのに）、全然勉強をしない。

2 うちの隣の夫婦、うるさい（a. なんの　b. のなんの）。毎日けんかをしている。

3 作文のテーマが難しくて、どういうふうに書いていい（a. のやら　b. かやら）、考えが全然まとまらない。

4 彼が書いた文章のひどい（a. のなんの　b. やら）、とても読めたものじゃない。

5 きちんと話せば理解し合える（a. だろうに　b. やら）。お互いに文句を言うだけじゃ、何も解決しない。

6 海岸で見た夕日の美しさ（a. といったら　b. とは）、言葉では言い表せないものだった。

7 うちの子供（a. といったら　b. ときたら）、遊んでばかりでちっとも勉強しない。

8 彼にそんな勇気があった（a. ときたら　b. とは）、本当にびっくりした。

9 この味で1500円も取る（a. やら　b. とは）、高すぎる。

10 うちの息子のテストの点の悪さ（a. といったら　b. はといったら）、呆れるほどだ。

実戦練習　E-1、E-2、E-3

問題1 次の文の（　　）に入れるのに最もよいものを、1・2・3・4から一つ選びなさい。

1　最近の大学生の学力低下には驚き（　　　　）。中学の教科書からやり直したほうがいいくらいだ。
　　1　のなんの　　　　　　　　2　にたえない
　　3　を禁じ得ない　　　　　　4　しまつだ

2　うちの息子はいつになったら就職してくれるの（　　　　）。大学出てからもずっとアルバイトなんです。
　　1　だろうに　　2　きりがない　　3　なんの　　4　やら

3　父はお酒を飲むと酔っ払って、家族の名前さえ間違える（　　　　）。
　　1　しまつだ　　2　はめになる　　3　にたえない　　4　やら

4　その牧場で食べるチーズのおいしさ（　　　　）、言葉では言い表せないくらいだ。
　　1　といったら　　　　　　　　2　ときたら
　　3　を禁じえなくて　　　　　　4　はめになって

5　チンさんは生涯、第二の故郷である日本を（　　　　）。
　　1　愛してやまなかった　　　　2　愛してはかなわなかった
　　3　愛すはめになった　　　　　4　愛を禁じえなかった

6　彼自身もけがをして大変だった（　　　　）、周りの者を助け、励まし続けた。
　　1　しまつだけど　　　　　　　2　ときたら
　　3　といったら　　　　　　　　4　だろうに

7　この会が発展を続けながら、めでたく10年目を迎えられたことは、喜び（　　　　）ことです。
　　1　でやまない　　2　にたえない　　3　はめになる　　4　ではいられない

8 弟（　　　　　　）、身の回りのことを全部母に任せて、自分の部屋さえ掃除しようとしない。
　1　とは　　　　　2　を禁じえず　　3　ときたら　　4　のなんの

9 これ以上、この会社で（　　　　　　）。いつか体を壊してしまう。
　1　働くはめになる　　　　　　　　2　働いてやまない
　3　働いてはかなわない　　　　　　4　働いてはいられない

10 親に日本の大学に合格したことを伝えたら、喜んだ（　　　　　　）。
　1　しまつだ　　2　やら　　3　のなんの　　4　はめになる

問題2　次の文の＿★＿に入る最もよいものを1・2・3・4から一つ選びなさい。

1 ごめんなさい。まさかこれが＿＿＿　＿＿＿　★　＿＿＿知らなかったんです。
　1　とは　　　　2　違反する　　3　法律に　　4　ことだ

2 みんなの責任なのに、＿＿＿　＿＿＿　★　＿＿＿しまい、損した気分だ。
　1　はめになって　　　　　　　　　2　自分だけが
　3　結局　　　　　　　　　　　　　4　謝りに行く

3 ＿＿＿　＿＿＿　★　＿＿＿と思う。どこかで妥協しないと。
　1　いつも　　　　　　　　　　　　2　目指していたら
　3　きりがない　　　　　　　　　　4　完璧を

4 この企画を思いついたのは私なのに＿＿＿　＿＿＿　★　＿＿＿。
　1　思われ　　　　　　　　　　　　2　彼の企画
　3　てはかなわない　　　　　　　　4　のように

5 あきれることに＿＿＿　＿＿＿　★　＿＿＿でも居眠りをしてしまうんだ。
　1　会議　　　2　ときたら　　3　うちの課長　　4　大事な

グループF　比較・例示
（ひかく・れいじ）

F-1 〜すら／〜だに／〜だにしない／〜たりとも…ない

● 最低限の例を示して強調する。

〜すら

📖 「〜も」の意味で、「これについてもそうなのか」という驚きの気持ちを強く含む。
✏️ 前には「最低の場合を表すもの」が来る。

1. 彼女は私のことは全然覚えていなくて、名前**すら**知らなかった。
2. 家族が無事か心配で、水**すら**のどを通らなかった。
3. 彼女は結婚することを家族に**すら**相談していなかった。
4. 彼女はとても怒っていて、会って**すら**くれない。
5. その問題はとても難しくて、先生で**すら**解けなかった。

Ⓝ（家族）＋（助詞）すら
Ⓥて（会って）＋ すら ＋ くれない

● いっしょによく使うことば

[家族／名前／水] （助詞）すら

〜だに

📖 「〜するだけでも」という意味。
✏️ 後には「感情を表す語」が来る。

1. 命綱なしでビルの壁を登るなんて、想像する**だに**恐ろしい。
2. どんな家を建てようか、考える**だに**楽しいですね。
3. あの時の課長のせりふは、思い出す**だに**腹が立つ。

Ⓥる（想像する）＋ だに

● いっしょによく使うことば

[想像する／考える／思い出す／言う　見る] だに

〜だに [恐ろしい　楽しい／悲しい　腹が立つ／恥ずかしい]

～だにしない

◆「～もしない」という意味。
✐「予想、想像」など限られた語にしか付かない。

1 こんな結果になるとは、想像**だにし**なかった。
2 日本がこんなところまで勝ち進むなんて、予想**だにし**なかった。
3 彼はさっきから、真っすぐ前を見たまま、微動**だにしない**。

Ⓝ（予想）＋ だにしない

● いっしょによく使うことば

予想	
想像	だにしない
微動	

注 書き言葉的で古い感じのいい方。

～たりとも…ない

◆「～であっても…ない」という意味で、「最少の量でも軽視できない」ことを表す。
✐前には「最少を表す語」が来る。

1 大切な試合が近いので、一日**たりとも**練習を休め**ない**。
2 この映画は展開が速くて、一瞬**たりとも**目が離せ**ない**。
3 みんなで頑張って集めたお金なので、一円**たりとも**無駄にでき**ない**。

Ⓝ（一日）＋ たりとも

● いっしょによく使うことば

一日　一分	
一秒　一度	たりとも
一瞬　一円	
一個　一人	

ドリル

次のa, bのうち、正しいほうを選びなさい。

1　彼は座ったまま、微動（a. たりとも　b. だに）しなかった。
2　呼んでもこちらを見て（a. すら　b. だに）くれなかった。
3　彼女が留学することを親友（a. にすら　b. ですら）知らなかった。
4　虫を食べるなんて、想像（a. だに　b. するだに）気持ちが悪い。
5　私がこんな賞をいただけるなんて、予想（a. だに　b. するだに）しなかった。
6　これが最後の水なので、一滴（a. だに　b. たりとも）、無駄にはできない。
7　小さい子供は一分（a. たりとも　b. すら）じっとしていられない。
8　私は不器用なので、みそ汁（a. すら　b. だに）自分で作れないんです。

グループF　比較・例示（ひかく・れいじ）

F-2 〜に及ばず／〜もさることながら／〜はおろか／〜にもまして

● 一つの例を示して、ほかにもあることを強調する。

〜に及ばず ★

📖「〜する必要がないくらい当然に」という意味で、「ほかのものもそうだ」と言いたいときに使う。

✐ 前に来る語は限られ、「言う」以外はあまり使われない。

1. 今年の冬は雪が多く、東北地方は言う**に及ばず**、東京でも積雪による被害が報告された。
2. 外食は言う**に及ばず**、家庭の食事でも、油や塩分の量には気をつけなければならない。
3. 都市化が進んで伝統的な生活習慣が薄れているのは、東京は言う**に及ばず**、京都もだ。

Ⓥる（言う）＋ に及ばず

● いっしょによく使うことば
[言う] に及ばず

注　書き言葉的で硬い表現。

〜もさることながら ★★★

📖「〜ももちろんだが、ほかにも」という意味。

✐ 前には「すでに明らかな事実」などが来る。

1. このラーメン屋は、味**もさることながら**、一杯300円という安さがうれしい。
2. 成績が悪いこと**もさることながら**、出席率が悪いことも、不合格の大きな理由です。
3. 彼女は、歌**もさることながら**、踊りもセンスのよさを感じさせる。
4. 内容**もさることながら**、このタイトルがいい。

Ⓝ（味）＋ もさることながら

● いっしょによく使うことば
［ 味　値段
　 量　デザイン ］もさることながら
　 名前　内容

〜はおろか ★★★

◆「〜はもちろん」「〜は当然として」という意味。
◆うしろに「さえ／も／すら…ない」などの表現がきて、を表す。

1. その人のことは、顔**はおろか**、名前も知らなかったんです。
2. のどがすごく腫れて、食べるの**はおろか**、水を飲むのもつらかったんです。
3. 今日はすごく忙しくて、昼食**はおろか**、トイレにも行けない。
4. 彼女は恋人**はおろか**、異性の友達もいないと思う。
5. 結婚**はおろか**、まだ付き合っている人もいません。

Ⓝ（昼食）
Ⓥる（食べる）＋の ＋ はおろか…

● いっしょによく使うことば
[名前　電話番号
　食事　恋人
　結婚　就職
　優勝　海外旅行] はおろか

〜にも増して ★★★

◆「〜よりもさらに」という意味。より高い程度であることを強調した言い方。
◆いくつかの決まった語に付いて慣用的な言い方になることが多い。

1. 台風が近づいているので、昨日**にも増して**風が強い。
2. 元々まじめだけど、彼は結婚してから、以前**にも増して**一生懸命働くようになった。
3. 先生と再び会えたのは、何**にも増して**うれしいことでした。

Ⓝ（昨日）＋ にも増して

● いっしょによく使うことば
[以前　前　去年
　いつも／いつ
　何　誰　それ] にも増して

ドリル

次のa, bのうち、正しいほうを選びなさい。

1. この暑さで、高齢者は言う（a. に及ばず　b. は及ばす）若い人でも倒れる恐れがある。
2. 彼のスピーチは内容（a. は　b. も）さることながら、表現もユニークで、おもしろかった。
3. 今年は景気がよく、去年（a. にもまして　b. もまして）会社の売上がいい。
4. 兄はスポーツ（a. もさることながら　b. はおろか）勉強の成績もいい。
5. 私は英語が苦手で、日常会話（a. もさることながら　b. はおろか）挨拶もできない。
6. 今日はデートなので、彼女はいつ（a. にもまして　b. に及ばす）おしゃれをしている。
7. このカメラは、機能（a. におよばず　b. もさることながら）、デザインも気に入ったので購入した。
8. 彼は事故のせいで記憶をなくし、住所（a. にもまして　b. はおろか）名前すらわからない。

グループF　比較・例示

F-3　～はさておき／～はいざ知らず・～ならいざ知らず

●本題と違うために軽く扱う様子を表す。

～(の)にひきかえ／～とはいえ

●対象的なこと、期待や予想と異なることを表す。

～はさておき ★

📖「～については、今は話題にしないで」という意味。

✒ 前には「本題ではないこと」が来る。

1 ……そんな私の話**はさておき**、今日は皆さんに面白い報告があります。
2 前置き**はさておき**、早速本題に入りましょう。
3 実現可能かどうか**はさておき**、この研究を続けることはとても重要です。

Ⓝ（前置き）＋ はさておき

●いっしょによく使うことば

| 前置き　冗談 |
| 難しい話 |
| ～の話　　　　｝ はさておき |
| そんなこと |
| ～かどうか |

～はいざ知らず・～ならいざ知らず

📖「～については（～だったら）、どうかわからないが」という意味。

✒ 前で「特別な場合や例外的なもの」などを示し、後で「現状」を不満や驚きとともに述べる。

1 昔**はいざ知らず**、彼は今は大企業の社長だ。
2 子供**ならいざ知らず**、大人でこれを知らないようでは困る。
3 海外旅行**ならいざ知らず**、国内旅行でこの値段は高すぎる。
4 一言でも謝る**ならいざ知らず**、言い訳ばかりするから、許す気になれない。

［ふつう］＋ ならいざ知らず
Ⓝ ＋ はいざ知らず

●いっしょによく使うことば

| 昔　大昔 |
| ～年前 |
| 高級旅館　｝ ならいざ知らず |
| 子供 |
| 大金持ち |

～(の)にひきかえ ★★★

📖「～とは反対に」という意味。プラス・マイナスの評価が対照的である様子を表す。

✒ 前には「プラスの評価を表す内容」が来ることが多い。

［ふつう］＋ (の)にひきかえ
※Ⓝ（便利）＋ な/である

●いっしょによく使うことば

| 姉　弟 |
| それ　　　　｝ (の)にひきかえ |

1️⃣ まじめで勉強が得意だった兄**にひきかえ**、私はサッカーばかりしていました。

2️⃣ 〈ゲームで〉友達がいろいろ賞品をもらった**のにひきかえ**、私は何も無しだった。

3️⃣ 大学のそばのお店が安くておいしい**のにひきかえ**、駅ビルの店はどこも高くて、しかも、おいしくない。

～とはいえ ★★

📖 「～(だ)が、それでも」という意味。基本的な事情を認める一方で、それがそのまま、ある事柄の理由にはならないことを表す。

✏️ 前に「事情」、後に「それだけでは納得できない問題」が来る。

Ⓝ (仕事)
Ⓐ (忙しい) ＋ (だ)とはいえ
Ⓝₐ (好き)

● いっしょによく使うことば

```
仕事  規則
忙しい 新人
初めて          (だ)とはいえ
知らないこと
～のため
```

● 似ている文型

～とはいうものの、～とはいいながら

1️⃣ 仕事**とはいえ**、休みの日に会社に行くのはちょっと辛いです。

2️⃣ いくら甘いものが好き**とはいえ**、こんなにたくさんは食べられません。

3️⃣ 忙しい**とはいえ**、娘の誕生日を忘れるなんて、親として失格です。

4️⃣ こちらが悪かった**とはいえ**、あんな言い方をしなくてもいいと思う。

ドリル

次のa, bのうち、正しいほうを選びなさい。

1 いつもまじめに仕事をするアリさん（a. からひきかえ　b. にひきかえ）、ワンさんはさぼってばかりだ。

2 お金のこと（a. はさておき　b. ならいざ知らず）、本当にこれを買う必要があるのかなあ。

3 いくら上司の指示（a. とはいえ　b. にひきかえ）、こんなことはできない。

4 趣味が多く社交的な母（a. とはいえ　b. にひきかえ）、父は家でテレビばかり見ている。

5 10年前（a. ならいざ知らず　b. たらいざ知らず）、今はそんなことは許されない。

6 その話（a. にひきかえ　b. はさておき）、本題に入りましょう。

7 もうやめた（a. とはいえ　b. といえ）、前の会社の悪口をあちこちで言うのはよくないよ。

8 外国のこと（a. はいざ知らず　b. にひきかえ）、日本ではこういうことは失礼にあたるんです。

実戦練習　F-1、F-2、F-3

問題1 次の文の（　　　）に入れるのに最もよいものを、1・2・3・4から一つ選びなさい。

1　スピーチの学校代表に選ばれたことを、初めは両親（　　　）信じてくれなかった。
　1　すら　　　2　たりとも　　　3　はさておき　　　4　におよばず

2　小さい子供はあちこち動き回るので、一瞬（　　　）目が離せない。
　1　だに　　　2　はさておき　　　3　たりとも　　　4　とはいえ

3　私は水が怖くて、泳ぐこと（　　　）顔を水につけることもできない。
　1　はさておき　　　2　はおろか　　　3　におよばず　　　4　にひきかえ

4　私は人前で話すのが苦手だが、今日のスピーチ大会はいつ（　　　）緊張した。
　1　におよばず　　　2　はさておき　　　3　にもまして　　　4　たりとも

5　昨日の失敗（　　　）、今後の話をしましょう。
　1　にひきかえ　　　2　はさておき　　　3　はおろか　　　4　におよばず

6　親が子どもを殺すなんて、考える（　　　）恐ろしい。
　1　すら　　　2　たりとも　　　3　におよばず　　　4　だに

7　結果を出した息子（　　　）、支援を続けた親も素晴らしい。
　1　もさることながら　　　　　2　はおろか
　3　はさておき　　　　　　　　4　にひきかえ

8　最近は就職難で、大学3、4年生は言う（　　　）、1年生から就職の心配をしている。
　1　とはいえ　　　　　　　　　2　におよばず
　3　だに　　　　　　　　　　　4　にもまして

9 夏休み（　　　　　）、宿題がたくさんあって遊ぶ暇がない。
　1　すら　　　　2　とはいえ　　　3　はさておき　　4　にもまして

10 戦前（　　　　　）、今はこういう考えは多くの支持を得ることができない。
　1　におよばず　　　　　　　　　2　ならいざ知らず
　3　にもまして　　　　　　　　　4　にひきかえ

問題2　次の文の＿★＿に入る最もよいものを1・2・3・4から一つ選びなさい。

1　何かいいことがあったのか、彼女は ＿＿ ＿＿ ★ ＿＿ 話している。
　1　顔をして　　2　増して　　　3　楽しげな　　4　いつにも

2　国を離れてから、家族の ＿＿ ＿＿ ★ ＿＿ ことはない。
　1　忘れた　　　2　一日　　　　3　ことを　　　4　たりとも

3　＿＿ ＿＿ ★ ＿＿ がそんなことも知らないなんて恥ずかしい。
　1　なら　　　　2　子供　　　　3　いざ知らず　4　大学生

4　この辺は店が全然なくて、＿＿ ＿＿ ★ ＿＿ なかなか見つからない。
　1　コンビニ　　2　はおろか　　3　すし屋　　　4　すら

5　彼は彼女を見つめた ＿＿ ＿＿ ★ ＿＿ 。
　1　しなかった　2　だに　　　　3　微動　　　　4　まま

グループF 比較・例示（ひかく・れいじ）

F-4 ～なり…なり／～というか…というか／～といわず…といわず／～といい…といい／～であれ…であれ／～だの…だの／～か否（いな）か

● 例を並べる。

～なり…なり ★

📖 「～でも…でも」という意味で、何でもあなたが好きなように、という意味を含む。
✏️ 後には「相手の行動を促す勧誘や指示」などが述べられる。

1. 冷蔵庫の中にあるものは、お茶**なり**ジュース**なり**、好きなものを飲んでかまいません。
2. わからない言葉があったら、辞書で引く**なり**ネットで調べる**なり**してください。
3. 〈友達に〉約束の時間に遅れるなら、電話**なり**何**なり**、連絡する方法があったでしょう？
4. ここにあるものは全部あげるから、煮る**なり**焼く**なり**好きにすればいいよ。〈慣用句〉

Ⓝ1（お茶） ＋ なり
Ⓝ2（ジュース） ＋ なり
Ⓥ1る（煮る） ＋ なり
Ⓥ2る（焼く） ＋ なり

● いっしょによく使うことば

[買う／借りる
会う／電話する
電話／メール
～／何] なり／なり

～なり～なり [何でも　何か
好きに]

～というか…というか ★★

📖 「～というべきか、…というべきか」という意味。印象や判断を表す言葉を思いつくままに(二つ)挙げる。
✏️ 二つの組み合わせやそれぞれの内容はかなり自由。後には「とにかく～だ」というニュアンスで結論的なことが述べられる。

1. こんなすばらしい賞をいただけるなんて、嬉しい**というか**、驚いた**というか**、言葉では言い表せません。
2. 彼女は美しい**というか**、上品**というか**、とても魅力的な女性だ。
3. このクラスはうるさい**というか**、何**というか**、とにかくみんな元気だ。

[ふつう]1 ＋ というか
[ふつう]2 ＋ というか

● いっしょによく使うことば

[美しい　うれしい
悔しい　残念
恥ずかしい
あきれた　情けない] というか

[　前の例と同様　] というか

～といわず…といわず ★

📖 「～や…だけでなく」という意味。
✏️ 後には「すべてにわたって～だ」というニュアンスのことが述べられる。

1. 彼は夢中になると、昼といわず夜といわず、ずっとゲームをしている。
2. 男といわず女といわず、彼女のコンサートに行けば、みんなファンになる。
3. 彼らは、犬といわず猫といわず、一匹でも多くの捨てられたペットを救おうと活動を続けている。

Ⓝ1(昼) ＋ といわず
Ⓝ2(夜) ＋ といわず

● いっしょによく使うことば

[男／女
  大人／子供
  昼／夜] といわず／といわず

～といい…といい ★★★

📖 「～も…も」という意味で、特に目立つものを取り上げて強調する。
✏️ 後には「感心や感動」などが述べられる。

1. 色といい、柄といい、この着物は彼女にとても似合っている。
2. 田中君といい、山田君といい、どうしてみんな彼女のことを好きになるんだろう。
3. 広さといい、家賃といい、このアパートの部屋は私の希望どおりだ。
4. 値段といい、その中身といい、申し分のないランチだった。

Ⓝ1(色) ＋ といい
Ⓝ2(柄) ＋ といい

● いっしょによく使うことば

[色　デザイン
  味　サービス
  量　値段　品質] といい

[※前の例と同様] といい

～であれ…であれ ★

📖 「～でも…でも(どの場合でも関係なく)」という意味。
✏️ 後には「(ルールや常識など)決まっていること」が来る。

1. 会社であれ個人であれ、売り上げた額に応じて税金を納めなければならない。
2. 日本人であれ外国人であれ、日本に住む以上、日本の法律に従わなければならない。
3. 病気であれ何であれ、何日も仕事を休むと周りに迷惑がかかる。

Ⓝ1(会社) ＋ であれ
Ⓝ2(個人) ＋ であれ

● いっしょによく使うことば

[日本人／外国人
  大人／子供
  男／女] であれ／であれ

～だの…だの ★★

📖 「～や…など」「～とか…とか」という意味。不満や非難などマイナスの見方を表す。

✏️ 前には「さまざまな形の言葉(単語・句・文)」が来る。

1. コーラだのアイスクリームだの、冷たいものばかり口にしていると、お腹をこわすよ。
2. 彼は仕事について、給料が安いだの、残業が多いだの、文句ばかり言っている。
3. テーブルの上には、食べかけのお菓子だの、飲みかけのジュースだのが、そのままになっていた。

[ふつう]1 ＋ だの
　[ふつう]2 ＋ だの

● いっしょによく使うことば

[本／雑誌
　暑い／寒い
　眠い／疲れた] だの／だの

～だの…だの [いつも
　　　　　　　～ばかり]

～か否か ★

📖 「～かどうか」という意味。

✏️ 「～か否か」を名詞節ととらえて、「は、を、が、で、に」などの助詞で受けることも多い。

1. 原子力発電所が本当に必要か否か、改めて議論する必要がある。
2. こういう音を苦痛と感じるか否かは、人によって異なる。
3. 商品の値段として3000円が妥当か否か、会議で意見が分かれた。

Ⓥる(行く)
Ⓐ(良い)
Ⓝa(必要)＋(である)
Ⓝ(事実)＋(である)
＋ か否か

● いっしょによく使うことば

[必要
　～べき] か否か

注 硬く、少し古い言い方。

ドリル

次のa, bのうち、正しいほうを選びなさい（※2つの（　）からaまたはbの一つの組みを選ぶこと）。

1 妹のかばんの中には、チョコ（a. といい　b. だの）クッキー（a. といい　b. だの）、甘いものが必ず入っている。

2 これはもういらないので、捨てる（a. といい　b. なり）何（a. といい　b. なり）しておいてください。

3 父（a. といい　b. であれ）母（a. といい　b. であれ）、自分の考えを子供に押し付けてはいけない。

4 彼は頭の良さ（a. といい　b. というか）、性格の良さ（a. といい　b. というか）、文句のつけようがない。

5 私（a. なり　b. であれ）ワンさん（a. なり　b. であれ）、誰か受付をしなければならない。

6 手（a. といわず　b. であれ）足（a. といわず　b. であれ）全身泥だらけになっていた。

7 彼は頭が痛い（a. であれ　b. だの）お腹が痛い（a. であれ　b. だの）と理由をつけて、練習をさぼることがある。

8 部長は怖い（a. といわず　b. というか）何（a. といわず　b. というか）、仕事に対してとにかく厳しい人です。

9 帰りにスーパー（a. なり　b. といわず）コンビニ（a. なり　b. といわず）で買うよ。

10 突然あんなことを言われて、うれしい（a. というか　b. といわず）恥ずかしい（a. というか　b. といわず）、複雑な気持ちです。

グループF 比較・例示

F-5 〜かたわら／〜かたがた／〜がてら

● 二つのことを同時にすることを表す。

〜かたわら ★★★

📖 「〜一方で」「それとは別に」という意味。
✏️ 前には「その人にとっての主な仕事」が来る。

1. 父は店を経営する**かたわら**、少年野球チームの監督もしている。
2. 彼は医者として病院に勤める**かたわら**、小説も書いている。
3. 彼女は演奏活動の**かたわら**、貧困から子供たちを救うためのボランティア活動を続けている。

Ⓥる（経営する） ＋ かたわら
Ⓝ（演奏活動） ＋ の ＋ かたわら

● いっしょによく使うことば

[仕事　勤務
  本業　活動   ] のかたわら
[子育て   ]

〜かたがた ★★

📖 「〜のついでに」「〜の機会に加えて」という意味を表す。
✏️ 主に手紙文に使う改まった表現で、前に付く語は限られる。

1. お礼**かたがた**、近いうちにお伺いします。
2. 〈手紙〉お詫び**かたがた**、ご報告まで。

Ⓝ（お礼） ＋ かたがた

● いっしょによく使うことば

[お礼　お詫び
  ご報告　ご通知] かたがた

〜かたがた [ご報告
　　　　　　お願い] まで／
　　　　　 [ご案内
　　　　　　ご挨拶] 申し上げます

〜がてら ★

- 「〜を兼ねて」「〜のついでに」という意味を表す。「〜かたがた」よりくだけた表現で、会話で使われる。
- 前には「動作・行動を表す名詞」が来る。

1. 買い物**がてら**、その辺を散歩しようよ。
2. 散歩**がてら**、新しくできた雑貨屋を覗いてみない？
3. 勉強**がてら**、日本のテレビドラマを見て会話の聴き取り練習をしています。
4. 遊び**がてら**、実家に帰って父の回復具合を見てきます。

Ⓝ（遊び）＋ がてら

● いっしょによく使うことば

[買い物　散歩
　勉強　遊び
　出張　見学
　お見舞い　訪問] がてら

ドリル

次のa, bのうち、正しいほうを選びなさい。

1. 彼は仕事（a. かたわら　b. のかたわら）、子供たちに柔道を教えている。
2. ご報告（a. かたがた　b. のかたがた）、お伺いします。
3. 散歩（a. がてら　b. のがてら）、近くのスーパーへ行って来た。
4. 彼は会社員として働く（a. かたわら　b. かたがた）、自分のうちで作った野菜も売っている。
5. 〈手紙文〉お礼（a. がてら　b. かたがた）、ご報告まで。
6. お見舞い（a. かたわら　b. がてら）、彼のうちに行ってみます。
7. 弟は受験勉強を（a. しかたわら　b. するかたわら）、サッカーの全国大会 出場を目指している。
8. 出張（a. がてら　b. かたがた）、東京 見物でもして来ます。

実戦練習 F-4、F-5

問題1 次の文の（　　　）に入れるのに最もよいものを、1・2・3・4から一つ選びなさい。

1　山田君（　　　）中村君（　　　）、このクラスの男子はうるさい人が多い。
　　1　というか／というか　　　2　といい／といい
　　3　なり／なり　　　　　　　4　か／否か

2　先生にそんなことを言うなんて、失礼（　　　）ばか（　　　）、信じられない。
　　1　であれ／であれ　　　　　2　といわず／といわず
　　3　というか／というか　　　4　なり／なり

3　彼はおなかが痛い（　　　）気分が悪い（　　　）言い訳をして、よく学校を休む。
　　1　だの／だの　　　　　　　2　であれ／であれ
　　3　というか／というか　　　4　といい／といい

4　父親（　　　）母親（　　　）、子供に対する責任の重さは同じです。
　　1　であれ／であれ　　　　　2　といわず／といわず
　　3　といい／といい　　　　　4　だの／だの

5　犬の散歩（　　　）新しくできた公園に行ってみよう。
　　1　か否か　　2　かたわら　　3　といわず　　4　がてら

6　彼からの結婚の申し込みを受け入れる（　　　）、今も迷っている。
　　1　かたわら　　2　か否か　　3　といい　　4　といわず

7　田中さんは銀行員（　　　）小説も書いている。
　　1　のついでに　　2　のかたわら　　3　がてら　　4　かたがた

8　お礼（　　　）ご報告に伺います。
　　1　かたがた　　2　かたわら　　3　か否か　　4　だの

9 本当に謝りたいのなら、手紙（　　　　）電話（　　　　）方法はいくらでもあるでしょう。

1　というか／というか
2　なり／なり
3　だの／だの
4　といい／といい

10 いったいどんな遊びをしていたのか、息子は顔（　　　　）足（　　　　）泥だらけで帰ってきた。

1　なり／なり
2　というか／というか
3　といわず／といわず
4　だの／だの

問題2 次の文の　★　に入る最もよいものを1・2・3・4から一つ選びなさい。

1 あの人は、うるさいだの ＿＿＿ ＿＿＿ ★ ＿＿＿ 、マンションで犬を飼うことに反対している。

1　文句を　　2　くさい　　3　言って　　4　だの

2 そんなに勉強がいやなら、大学に行くのは ＿＿＿ ＿＿＿ ★ ＿＿＿ いいじゃない。

1　やめて　　2　何なり　　3　働くなり　　4　すれば

3 先生に勧められた ＿＿＿ ＿＿＿ ★ ＿＿＿ いる。

1　留学するか　2　ものの　3　決めかねて　4　否か

4 そんなことで喜ぶ ＿＿＿ ＿＿＿ ★ ＿＿＿ というか、幸せだね。

1　というか
2　子どもっぽい
3　なんて
4　単純

5 入院中の山田君が毎日暇でしょうがないそうだから、＿＿＿ ＿＿＿ ★ ＿＿＿ 行こうか。

1　がてら　　2　話し相手に　　3　お見舞い　　4　なりに

グループG いろいろな機能を持つ語

G-1 ～ものを／～ない(もの)でもない／～をものともせず

● 「もの」を使った表現。

～ものを ★★

📖 「～のに」という意味。「そうしなかったこと」への不満や残念な気持ちを含む。

✏️ 仮定の「…ば」を伴い、「…ば～ものを」の形となる。

1. 早く病院に行けばすぐ治った**ものを**、無理するからひどくなるんだよ。
2. もう少し安ければ買う**ものを**、これでは手が出ない。
3. 誰かに聞けばよかった**ものを**、よくわからないまま、違う電車に乗ってしまった。
4. これ、全部一人で片づけたんですか⁉ 私に言ってくれれば手伝った**ものを**……。

Ⓥふ（治った）
Ⓐふ（よかった） ＋ ものを

● いっしょによく使うことば

［いい／よかった］ものを

～ない(もの)でもない ★

📖 「全く～ないことはない」「～する可能性はある」という意味。

✏️ 前には主に「思考や感覚を表す動詞」、また「動詞の可能形」が来る。

1. この段階で中止の決定をしたのは驚きだが、理解でき**ないものでもない**。
2. 気持ちはわから**ないでもない**が、謝ったほうがいいと思う。
3. 〈コンサート〉少し遅れるかもしれないが、7時開演なら行け**ないものでもない**。
4. 先生はいつもお忙しいけど、頼め**ないものでもない**と思いますよ。
5. 普通は考えられないが、過去に例が**ないでもない**。

Ⓥない/可（理解でき）
Ⓝ（例）＋が
＋ないものでもない

● いっしょによく使うことば

［できる／わかる／思う／考える／感じがする／気がする］ないものでもない

● 似ている文型
～なくはない、～ないこともない

～をものともせず ★★★

📖「～を恐れないで」という意味。困難を承知で、それでも積極的に行う様子を表す。

✐ 前には「困難な状況」が来る。

1. 降り続く雨**をものともせず**、参加者は皆それぞれにマラソンを楽しんだ。
2. 腕のけが**をものともせず**、彼はいつもどおりの元気なプレーを見せてくれた。
3. 隊員たちは、危険**をものともしないで**、必死の救助活動を続けている。
4. 周囲の反対**をものともせず**、姉はダンスを勉強するためにニューヨークへと旅立った。

Ⓝ(雨) ＋ をものともせず

● いっしょによく使うことば

[危険 / 反対 / 批判 / 嵐] をものともせず

注 自分のことには使わない。

ドリル

次のa, bのうち、正しいほうを選びなさい。

1. 黙っていればいい（a. ものを　b. ものでもなく）、田中さんが余計なことを言うから、面倒なことになった。
2. 急な坂を（a. ないものでもなく　b. ものともせず）、彼はぐんぐんスピードを上げた。
3. うーん、あまりおいしくはないけど、食べられない（a. ものでもない　b. ものともしない）よ。
4. さっさと（a. 出なくて　b. 出れば）よかったものを、のんきにテレビなんか見ているから、遅刻してしまった。
5. 寒さを（a. ものともして　b. ものともせず）、父は朝早くから釣りに出かけていった。
6. この値段なら買えない（a. ものともしない　b. ものでもない）けど、今すぐ買わなくてもいい。
7. 普段から片づけておけばいい（a. ものを　b. ものともせず）、散らかすから見つからないんだよ。
8. ちょっと量が多いけど、うまく詰めれば（a. 入る　b. 入らない）ものでもないか。

グループG いろいろな機能を持つ語

G-2 ～たところで／～ところを／～といったところだ・～というところだ

● 「ところ」を使った表現。

～たところで

📖 「仮に～ても（変わらず）」という意味。
✐ 後には「無駄だ、意味がない」など否定的な評価が来ることが多い。

1. 私が一緒に行ったところで、あまり役には立たないと思う。
2. 今からあわてて勉強したところで、どうにもならない。
3. どんなに頑張ったところで、あのチームに勝つのは無理だと思う。
4. 私たちで話し合ったところで、何も解決しない。

Ⓥた（行った）＋ところで

● いっしょによく使うことば

[どんなに／いくら／たとえ] ～たところで

～たところで [何も～ない／どうしようもない／だめだ]

～ところを ★

📖 「～という状況なのに」という意味。状況に反する事柄に対する恐縮した気持ちを表す。
✐ 前には「ある継続的な状態を表す内容」、後には「感謝やおわびの言葉」が来ることが多い。

1. お忙しいところを遠くまで来ていただき、ありがとうございました。
2. お食事中のところをすみませんが、ちょっとうかがってもよろしいでしょうか。
3. お休みのところ、お電話を差し上げまして申し訳ありません。
4. こちらからご挨拶にお伺いするべきところを、逆にお越しいただき、すみません。

Ⓐ（お忙しい）
Ⓝ（お食事）＋の ＋ところを
Ⓥる（お伺いする）＋べき

● いっしょによく使うことば

[ご多忙／お食事(中)／お仕事(中)／お休み／お楽しみ] のところを

[お忙しい／私が～すべき] ところを

㊟ 次のような用法もある。
1個1000円のところを、今日は2個1500円でご提供します。

～といったところだ・～というところだ ★★

📖 「だいたい～くらいという状況だ」という意味。「そんなに大したことはない」という気持ちを表す。

✏️ 前には「具体的な数量や例」が来る。

1. 作品の出来としては、よくもないが悪くもない、**といったところです**。
2. 「何歳くらいの人だった？」「よく覚えてないけど、30代前半**といったところだ**と思う」
3. 「あとどれくらいで着くの？」「そうねえ。あと30分**といったところかな**」
4. 明日持っていったほうがいい物は、財布、身分証明書、筆記用具**といったところです**。

Ⓝ（大学生）
文／句（引用的）（よくもないが悪くもない）
　　＋　といったところだ

● いっしょによく使うことば

［ せいぜい～　］
［ ざっと～　　］ といったところだ
［ だいたい～　］

ドリル

次のa, bのうち、正しいほうを選びなさい。

1　ここから郵便局までは、だいたい１キロ（a. でいったところだ　b. といったところだ）。

2　ここのランチは（a. だいたい　b. まさに）800円から1200円といったところです。

3　どんなに説明した（a. ところを　b. ところで）、彼は納得しないだろう。

4　いつもなら１時間で来る（a. ところを　b. ところで）、渋滞で２時間もかかってしまった。

5　新商品の売れ行きですか。そうですね……まあまあと（a. いわない　b. いった）ところです。

6　本日はご多忙の（a. ところに　b. ところを）ご来場いただき、誠にありがとうございました。

7　本当なら私が行く（a. べき　b. ような）ところを、部長が代わりに行ってくれた。

8　彼女なら、誘ったところで（a. 無駄だ　b. 問題ない）よ。一度も参加したことがないんだから。

グループG　いろいろな機能を持つ語

G-3　〜限りだ／〜を限りに／〜ないとも限らない／〜に限ったことではない

● 「限る」を使った表現。

〜限りだ ★★★

📖 「最高に〜だ」という意味。
✏️ 前には「気持ちを表す言葉」が来る。

1. えっ、彼女、年に2回も海外旅行に行ってるの⁉　うらやましい**限りだ**。
2. 立派に成長した教え子たちとこうして会うことができて、嬉しい**限り**です。
3. 大学にいる頃、よく通っていたお店なので、閉店は残念な**限り**です。

Ⓐ（うらやましい）
Ⓝa（残念な）　＋ 限りだ

● いっしょによく使うことば

何とも ＋ ［うらやましい／恥ずかしい／うれしい／喜ばしい／悲しい／寂しい／悔しい／情けない］ ＋ 限りだ

〜を限りに ★★

📖 「〜を最後にして」「〜を区切りに」という意味。
✏️ 前には「区切りとなる時期や物事」が来る。

1. 今日**を限りに**、彼とはもう会わないことにした。
2. この試合**を限りに**引退する山田選手に、ファンから大きな拍手が贈られた。
3. 私が卒業した小学校は、少子化のため、今年度**を限りに** *廃校になった。　＊学校がなくなること

Ⓝ（今日） ＋ を限りに

● いっしょによく使うことば

［今回　今日／本日　〜日／今〜　この〜／〜いっぱい／年内　一年］ を限りに

㊟ 「声、命、力」などと結びつくときは、「〜を全部出して」の意味になる。
例 声を限りに応援した。

〜ないとも限らない ★

◆「〜ないとは決まっていない」「〜する可能性もある」という意味。
◆前には「可能性は低いが、心配や期待がされること」が来る。

1. 本番で失敗しないとも限らないから、何度も練習しておいたほうがいい。
2. 雨が降らないとも限らないから、一応、かさを持っていこう。
3. 「困ったなあ。鍵がまだ見つからない」「ポケットの中にないとも限らないから、もう一回全部見てみたら？」
4. どこかで知り合いに会わないとも限らないから、ちゃんとした格好で出かけたほうがいい。

Ⓥない（失敗しない）＋ とも限らない

●いっしょによく使うことば

［知る
　言う
　起こる
　雨が降る］ ない ＋ とも限らない

注「〜とも限らない」は「〜という可能性もある」という意味。
例 この名前じゃ、女性とも限らないね。

〜に限ったことではない

◆「〜だけがそうではない」という意味。
◆前には「時間・場所・人などを特定する内容」が来る。

1. 彼が遅刻するのは、今日に限ったことじゃない。
2. このような問題は、今の政府に限ったことではない。
3. 挨拶がちゃんとできないのは、何も若者に限ったことではない。年配の人にも、できない人はたくさんいる。

Ⓝ（今日）＋ に限ったことではない

●いっしょによく使うことば

何も（副詞） ［今日
今回
今 彼
女性
若い人
日本］ に限ったこと

注「〜に限った話ではない」とも言う。

ドリル

次のa, bのうち、正しいほうを選びなさい。

1 来月いっぱい（a. を限って　b. を限りに）退職するので、今、仕事の整理をしている。
2 親に見られないとも（a. 限らない　b. 限れない）ので、ラブレターは引き出しの奥に隠してある。
3 敬語の使い方がよくわからないのは、外国の人（a. に限った　b. に限っている）ことではない。日本人も皆、苦手なのだ。
4 次々に新しい彼女ができるなんてうらやましい（a. 限りだ　b. に限ったことではない）よ。
5 面白かったのに、今回（a. を限りに　b. に限ったことではなく）番組終了だなんて残念だ。
6 いつ大きな病気に（a. ならないとも限らない　b. なるに限ったことではない）ので、保険に入っておこう。
7 結婚年齢が高くなっているのは、日本（a. に限ったことではない　b. に限られたことではない）。
8 ずっと会ってなかったのに覚えていてくれたなんて、嬉しい（a. 限りだ　b. 限りではない）。

実戦練習　G-1、G-2、G-3

問題1　次の文の（　　）に入れるのに最もよいものを、1・2・3・4から一つ選びなさい。

1　本日はお忙しい（　　）お集まりいただき、ありがとうございます。
　1　かたがた　　2　ところを　　3　限りに　　4　ものを

2　友人たちの反対（　　）、彼は自分の店を開いた。
　1　をものともせず
　2　を限りに
　3　といったところで
　4　にひきかえ

3　娘も生まれたことですし、今日（　　）、お酒もタバコもやめようと思います。
　1　に及んで
　2　をものともせず
　3　かたがた
　4　を限りに

4　言いたくない事情も（　　）、きちんと私にも説明してほしい。
　1　わかるでもないが
　2　わかったものを
　3　わからないでもないが
　4　わからないものを

5　田中さんと一緒に行けばいい（　　）、どうして一人で行きたがるの？
　1　ものを
　2　限りで
　3　ものでもなく
　4　とも限らなく

6　もう皆さんと会えないと思うと、寂しい（　　）です。
　1　限り　　2　しまつ　　3　に及ばず　　4　至り

7　彼が大きな失敗をしたのは、今回の仕事（　　）。
　1　をものともした
　2　に限ったことではない
　3　をものともしなかった
　4　の限りだ

8 当日内容を忘れ（　　　　　）から、スピーチの原稿は持っていったほうがいいよ。
　1　なくてやまない
　2　ないとも限った
　3　てやまない
　4　ないとも限らない

9 明日参加予定なのは、田中さん、林さん、川田さん、原さん（　　　　　）です。
　1　といったところ
　2　を限り
　3　も同然
　4　に限ったこと

10 私の場合、ちょっと勉強（　　　　　）、試験にはうかりそうにない。
　1　しないものでも
　2　するだろうに
　3　するかたわら
　4　したところで

問題2　次の文の ___★___ に入る最もよいものを1・2・3・4から一つ選びなさい。

1 夏の ＿＿＿ ＿＿＿ ★ ＿＿＿ 外で遊んでいる。
　1　ものともせず　　2　元気に　　3　子どもたちは　　4　暑さを

2 どんなに私たちが ＿＿＿ ＿＿＿ ★ ＿＿＿ やりたいようにやると思うよ。
　1　林さんは　　2　説明した　　3　自分の　　4　ところで

3 費用は、材料費を ＿＿＿ ＿＿＿ ★ ＿＿＿ です。
　1　程度　　2　といったところ　　3　含めて　　4　4千円

4 聞いてくれれば、私が ＿＿＿ ＿＿＿ ★ ＿＿＿ 。
　1　紹介してあげた　　2　お店を　　3　ものを　　4　おいしい

5 誰が ＿＿＿ ＿＿＿ ★ ＿＿＿ 人の悪口なんか書かないほうがいい。
　1　見ている　　2　ブログに　　3　から　　4　とも限らない

PART 2

復習と整理

表現のスタイルを覚えよう

文型を中心に、日本語表現のスタイルの特徴をつかもう。

① 文型接続の形

Vる (言う)		Vる/た -の (言うの/言ったの)	Vて/た/ます/ない/う (言って/言った/言い/言わ/言お)
が早いか	なり	すら	ていられない
きらいがある	に至って	ではあるまいし	てはかなわない
しまつだ	にとどまらず	ならいざ知らず	たが最後
かいがない	べからず	のにかかっている	っぱなしだ
そばから	べき	にひきかえ	ないまでも
とあって	べくして	にとどまらず	ずにはすまない
と思いきや	べくもない	にしても	んばかりだ
ところを	までだ	はおろか	んがため(に)
とはいえ	までもない	をいいことに	ないではおかない
ともなく	ものを	をよそに	ようが〜まいが
ならいざ知らず	や否や	をかねて	ようとも

N (Aさん)		N (食事)	N (計画)
あっての	と思いきや	いかんだ	いかんだ
いかんだ	ときたら	いかんによらず	いかんによらず
からすると	とて	がてら	であろうと
ごとき	とはいえ	すら	とあれば
すら	ともあろうもの	とて	とはいえ
だに	なしに	ともなると	なくして
たりとて	ならいざ知らず	なしでは	なり
であれ…であれ	ならでは	なり〜なり	にかかわる
ではあるまいし	なりに	に至るまで	に即して
といい〜といい	にして	はおろか	に則って
といえども	にしては	はさておき	もさることながら
といえば	はおろか	もさることながら	を踏まえて
といったらない		をかねて	をもって

A (忙しい) Vない (知らない)		Na (残念)	
とあって	とはいえ	＋な＋限りだ	といったところだ
とあれば	ならいざ知らず	(なの)かというと	とあって
といえども	なりに	きわまりない	と思いきや
と思いきや	にしても	きわまる	となると
ところを	ものと思う	であれ	とはいえ
とは	ゆえ	であろうと	ゆえ
		というか…というか	

② 名詞修飾の形

～こと
楽しい**こと**
いやな**こと**
楽しみにしている**こと**
悩んでいる**こと**
やらなければならない**こと**
その時思った**こと**
いま思っている**こと**
ときどき思う**こと**
正しいと思う**こと**
経験していない**こと**
これからやってみたい**こと**

～もの
食べたい**もの**
探している**もの**
用意する**もの**
栄養のある**もの**
食べられない**もの**
お気に入りの**もの**
見たことがない**もの**
一番売れている**もの**
これから売れそうな**もの**
なくて困っている**もの**
あったらいいと思う**もの**

～人
おもしろい**人**
好きな**人**
尊敬する**人**
一緒にいて楽しい**人**
世話になった**人**
今度会う**人**
観光で日本を訪れる**人**
連絡しなければならない**人**
連絡が必要な**人**
私が最も影響を受けた**人**
学校で同じクラスだった**人**

～N（いろいろ）	
生まれた**年**	部長が海外に転勤になる**話**
彼がいま乗っている**車**	一番早く着く**行き方**
先生が来る**日**	この店が女性に人気がある**理由**
メモを書く**紙**	これから起こるであろう**問題**
いつも使っている**シャンプー**	これから起こり得る**問題**
観光で訪れた**場所**	本来起こるはずのない**問題**
思い出深い**街**	絶対起きては困る**問題**
結婚式が行われる**ホテル**	運がよければ**の話**
聴いたことのある**曲**	合格したら**の話**だけど…

～てのN
専門家を招い**ての勉強会**
10分遅れ**ての開催**
セット**での価格**
研修を終え**ての感想**
今後に向け**ての話し合い**
全員集まっ**ての練習**
土地をめぐっ**ての争い**
いろいろ悩ん**での結論**
日本に限っ**ての話**

「の」を含む文型 + N
焼きたて**のパン**
買った**ままの状態**
洗った**ばかりのシャツ**
汗**まみれのTシャツ**
苦しみ**ながらの勝利**
勝ったり負けたり**の状態**
今月**限りのサービス**
努力あっ**ての優勝**
反省を**踏まえての再挑戦**
私**なりの意見**
女性**ならではのアイデア**

いろいろな文型 + N	
教師に**あるまじきこと**	聴くに**堪えない歌**
直径1メートル**からあるカボチャ**	信頼に**足る人物**
1万円**からするネクタイ**	基本方針に**則った案**
迷惑**きわまりない人たち**	500万円**に上る損害**
不愉快**きわまる発言**	Aさん**ごとき相手**
言い**そびれたこと**	許す**べからざる行為**
願って**やまないこと**	言う**までもないこと**
医者と**もあろうもの**	謎**めく事件**
鑑賞に**堪える絵**	例え**ようのない寂しさ**
結婚に**至る過程**	調査結果を**踏まえた提案**
実態に**即した指導計画**	困難を**ものともしない勇気**

③ 注意したい接続表現

にもかかわらず	日本は小さな島国である。**にもかかわらず**、世界でも有数の経済大国に発展した。（それなのに）
とはいえ	日本は小さな島国である。**とはいえ**、豊かな自然の恵みを受けている国でもある。（といっても）
とはいうものの	日本人はもっと国際感覚を身につけるべきだ。**とはいうものの**、なかなかそれができない。（といいながら）
かといって	日本は小さな島国である。**かといって**、人口が少ないわけではない。（そうだからといって）
だからといって	日本は島国である。**だからといって**、自分たちだけで暮らせばいいというものではない。
一方で 類 その一方で	日本は小さな島国である。**一方で**、南北に長く、多様な気候風土を持つ。
しかるに 類 しかしながら	日本は厳しい自然環境にある。**しかるに**、その一方で、豊かな四季の恵みも受けている。（それなのに）
あるいは 類 もしくは	日本人はもっと海外に出て、外国の文化に触れるべきだ。**あるいは**、海外からもっとお客さんを招き入れるべきだ。
さらには	日本は海に囲まれた国である。**さらには**、国土の７割は森林で、四季もあり、自然に恵まれた国といえる。
そこで 類 それで	小さな島国である日本は資源が十分にない。**そこで**、高い技術力を持つことが何より重要と考えられた。（そういうわけで）
その上	日本は小さな国である。**その上**、国土の７割は山だ。（それに加えて）
ただし	日本は小さな島国である。**ただし**、南北に長いので、意外と気候の変化に富んでいる。（そうではあるが）
それにしては 類 それにしても	日本は教育レベルは高いほうといえるが、**それにしては**英語力が低い。（それから考えると、そのわりには）
というのも 類 なぜなら	日本は小さな島国だが、外国との交流は決して小さくはなかった。**というのも**、四方を海に囲まれ、昔から船を輸送手段とする人や物の行き来が盛んだったからだ。（その理由としては）
ゆえに 類 それであるがゆえに	日本は小さな島国である。**ゆえに**、外国との交流は欠かせないものなのである。（それが理由で）
仮に 類 たとえ	**仮に**日本が出られないとしても、ワールドカップは必ず見ます。（もしも）

④ 注意したい副詞

あながち〜ない	彼が言っていたことも、**あながち**間違いでは**ない**のかもしれない。（必ずしも〜ない）
一概に〜ない いちがい	女性が皆反対かというと、**一概に**そうとは言い切れ**ない**ようだ。（全部ひとまとめにして）
必ずしも〜ない	有名なお店だからといって、**必ずしも**おいしいとは限ら**ない**。
とうてい〜ない	私がいくら頑張っても、先生には**とうてい**かなわ**ない**。（とても〜ない）
あえて 類 しいて	どれもそんなにいいと思わないけど、**あえて**選ぶとすれば、この黄色かな。（無理に、わざわざ）
さすがに	体力には自信があるほうだけど、今日は５時間も歩いて、**さすがに**疲れました。（そうは言っても、やはり）
そもそも 類 元来 がんらい	**そもそも**、私はこの企画には反対だったんです。（最初から）
とりわけ 類 中でも、何より、何にもまして	課題は山積みだが、**とりわけ**このことは重要だ。（中でも） やまづ
いかに	こういうやり方が、**いかに**国民をばかにしたものか、政府は何もわかっていない。（どれだけ、どんなに）
	ビジネスにおいては、**いかに**早く的確な情報を得るか、とても重要だ。（どのようにして）
あたかも	彼は、それが**あたかも**自分のアイデアであるかのように言っていた。（まるで）
いわば	このサイトで読める小説はいずれも、**いわば**素人が書いたものです。（例えて言えば）
いわゆる	彼女は、最初は**いわゆる**オタクによって支持され、だんだん注目されるようになった。（世間でよく言われる）
すなわち 類 要するに、つまり	悲しいことに、人類の歴史は、**すなわち**戦争の歴史でもあった。（言いかえれば）
なるほど 類 もちろん	**なるほど**彼女には経験はありません。しかし、よく勉強していますし、やる気もすごくありますから、大丈夫だと思います。（確かに）
まして(や)	男性でもなかなか持ち上げられないのに、**ましてや**女性が持てるわけがない。（なおさら、当然）

「文章問題」にチャレンジ！

問題1 次の文章を読んで、 1 から 3 の中に入る最もよいものを、1・2・3・4から一つ選びなさい。

　　日本の夏は蒸し暑い。そんな夏を快適に過ごすため、昔の人々は風を上手に利用してきた。その一つが「打ち水」である。地面に水を撒くと、すーっと涼しい風が通る。この打ち水は、エアコンがなかった時代に、どの家庭でも見られた夏 1 風物詩であった。打ち水は、水分が蒸発する際に周囲の気温を下げるという気化熱の原理を利用したものだ。打ち水をすると気温が1～3度下がると言われており、近年ではこの打ち水の効果に注目して、都市部で一斉に打ち水をするイベントが行われたりもしている。しかし、一気に気温が下がると 2 、日中の気温が高い状態で打ち水をした場合は水はすぐに蒸発してしまい、気化熱による気温上昇を抑える効果はほとんど得られない。打ち水は、朝夕の日が高くない時間帯にすることが好ましい。さまざまな要因が重なって、都市部では以前 3 夏の暑さが厳しさを増している。エアコンだけでなく、このような昔の人々の知恵も併用して、少しでも快適に夏を過ごせるように工夫してみてはどうだろうか。

| 1 | 1 ならではの | 2 だけに | 3 にして | 4 とて |

| 2 | 1 あれば | 2 思いきや | 3 言うと | 4 いえども |

| 3 | 1 にして | 2 はさておき | 3 に及ばず | 4 にもまして |

問題2 次の文章を読んで、 1 から 3 の中に入る最もよいものを、1・2・3・4から一つ選びなさい。

　今日、回転寿司に行ったことがないという人はあまりいないのではないかと思われる。外食の店舗のスタイルとしてはごく当たり前のものとなり、今や日本国内のみならず、海外でも、あちこちで見られるようになった。
　回転寿司ができた当初は、「安い」「気軽」というイメージが強かった。しかし、安さが最大の売りで、とりたてておいしいわけでもない回転寿司に、人々は次第に飽きてきた。そのため、回転寿司業界では見直しを 1 。その結果、さまざまな工夫がされるようになった。例えば、これまで寿司を食べるといえば、カウンター席が中心だったが、ソファーとテーブルが設置されたボックス席が用意されるようになった。「家族や仲間で食事を楽しむ」ための空間が新たに設けられたわけだ。また、通常はひとつの皿に1種類の寿司を盛るところ、3種類の寿司 2 「三貫盛り」を新たに登場させたり、さまざまな「創作寿司」を開発したりと、それぞれの店で工夫を凝らしている。
　高級寿司店のグルメとしての寿司も悪くないが、寿司はやはり、親しみのある存在であるべきだ。そう考えると、回転寿司の役割は 3 小さくはないだろう。
　あっと驚く新メニューもよし、心地よいサービスもよし。日本人が大好きな寿司の魅力がさらに広がるよう、回転寿司にもぜひ頑張ってほしいと思うのである。

| 1 | 1 ふまえた | 2 余儀なくされた |
| | 3 しかるべきだった | 4 ものともしなかった |

| 2 | 1 あっての　2 からする　3 にのぼる　4 からなる |

| 3 | 1 あえて　2 しいて　3 あたかも　4 決して |

基本文型一覧 N2〜N3レベル

※レベル（2 = N2、3 = N3）は「N2文法スピードマスター」「N3文法スピードマスター」での扱いに基づきます。

●あ

文型	レベル	例文
〜あいだ	3	私が病気で休んでいる**間**、鈴木さんが私の仕事をしてくれました。
〜あまり	2	試験の前の日は、緊張の**あまり**、なかなか眠れなかった。
あまりにも	2	海外勤務はうれしいけど、**あまりにも**急な話に驚いている。
あまりの〜に	2	**あまりの**忙しさ**に**、友達とゆっくり会う時間もない。
いくら〜ても	3	**いくら**いい論文**でも**、締め切りに間に合わなければ意味がない。
〜以上	2	約束した**以上**、守るのが当然だ。
〜一方だ/一方の	2,3	物価が上がり、生活は苦しくなる**一方だ**。
〜以来/以来だ	3	この服は買って**以来**、まだ一度も着ていない。
〜うえで	2	よく考えた**上で**、受験する大学を決めてください。
〜うえ(に)	3	あの店はサービスがよくない**うえに**値段も高い。
〜(よ)うか〜まいか	2	彼女に電話し**ようかしまいか**、迷っている。
〜うちに	3	雨が降らない**うちに**、用事をすませてしまおう。
〜(よ)うではないか	2	せっかくみんなで集まったんだから、今日は大いに楽し**もうではありませんか**。
〜(よ)うとしない	3	いくら言っても、後輩は私の指示に従**おうとしない**。
〜(よ)うとする	3	階段を上が**ろうとした**時、名前を呼ばれた。
〜得る	2	こういう事故は日本でも起こり**得る**と思います。
〜得ない	2	友達の秘密をほかの人に言うなんて、あり**得ない**。
〜おかげで/だ	3	先生の**おかげで**、無事に卒業することができました。
〜おそれがある	3	台風が来る**おそれがある**ので、早めに帰ってください。
〜折に	2	東京にいらした**折には**、ぜひお寄りください。

●か

文型	レベル	例文
〜が〜だけに	2	彼は家が貧しかった**だけに**、お金のありがたさをよく知っている。
〜かい(が)あって	2	たくさん練習した**かいあって**、優勝できた。
〜限り	2	タバコをやめない**限り**、この咳は止まらないですよ。
〜限りでは	2	林さんに聞いた**限りでは**、会は予定どおり行われるということです。
〜かけだ/かけの	3	テーブルの上に飲み**かけの**ジュースがある。
〜がたい	2	3年間、毎日みんなと練習したのは、忘れ**がたい**思い出です。
〜がちだ/がちな/がちの	3	祖母は最近病気**がちで**、外に出ることができない。
〜かどうか	3	おいしい**かどうか**、食べてみないとわからないでしょう。
〜かと思うと	2	日曜なのに、お父さん忙しそうだね。さっき戻った**かと思うと**、また出かけて行った。

～かな(あ)	3	明日は晴れる**かなあ**。
～かねない	3	そんな危ない運転をしていたら、事故になり**かねない**。
～かねる	2	飛行機で行くか、新幹線で行くか、まだ決め**かねて**います。
可能動詞	3	あの人はフランス語が**話せる**。
～かのように	2	彼はまるで、けんかでもした**かのように**、目の周りが腫れていた。
～から…にかけて	3	昨夜**から**今朝**にかけて**、大雨が降った模様です。
～から言って	3	あの人の態度**から言って**、私のことが嫌いに違いない。
～からこそ	3	仲間がいた**からこそ**、厳しい留学生活にも耐えることができた。
～からして	2	あの顔**からして**、怒っていることがわかる。
～からすると	2	この名前**からすると**、たぶん女性ですね。
(…のは)～からだ	3	朝寝坊した**のは**、疲れている**からだ**。
～からでないと…ない	3	お金を払って**からでないと**、チケットを受け取ることは**できません**。
～からといって	3	教師だ**からといって**、何でも知っているわけではない。
～がる	3	彼女はパーティーに来られなくて、残念**がって**いました。
～かわりに/の	3	仕事を手伝う**かわりに**、私の頼みも聞いてくれない？
～気味だ/気味の	3	かぜ**気味**だから、今夜は早く寝よう。
～疑問詞～(の)か	3	試験はどこで申し込む**のか**、知っていますか。
疑問詞～ても	3	**何度**電話しても、つながらなかった。
～きり	2	あとで電話しますと言った**きり**、彼女は何も連絡をしてこない。
～きれる	2	そのソフトは大変な人気で、発売からたった3日で売り**切れて**しまった。
～くせに	2	学生の**くせに**、勉強せずアルバイトばかりしているなんて、よくない。
～くらい/～ぐらい：程度の例	3	あなたも、さくらちゃん**くらい**勉強ができるといいのに。
～ぐらい/～くらい：約	3	毎日、日本語を3時間**ぐらい**勉強しています。
～くらいなら	2	お金を払ってこんな料理を食べる**くらいなら**、自分で作ったほうがいい。
～げ	2	弟は自慢**げに**、彼女の写真を見せてくれた。
形容詞の名詞化	3	祖母が作ってくれたパンの**おいしさ**が、今でも忘れられない。
こ/そ/あ/ど	3	「**どう**したらいいんですか？」「**こう**すれば、いいんですよ」
～こそ	3	山田さん**こそ**リーダーにふさわしい人だと思う。
(どんなに)～ことか	3	就職が決まったと聞いたら、両親は**どんなに**喜ぶ**ことか**。
～ことがある/～こともある	3	時間がなくて、朝ごはんを食べない**こともある**。
～ことだ	3	上手になりたければ、もっと練習する**ことだ**。
～ということだ/話だ	3	天気予報によると、明日は朝から雨だ**ということです**。
～ことだし	2	お金もない**ことだし**、今日は外食はやめようよ。
～こととなると	2	子どもの**こととなると**、自分のこと以上に心配です。
～ことなく	2	希望の条件にぴったりだったので、迷う**ことなく**この部屋に決めた。

文型	レベル	例文
～ことに	3	残念な**ことに**、人気のお弁当は売り切れだった。
～ことにする/している	3	いろいろ考えた結果、国に帰る**ことにしました**。
～ことになる/なっている	3	来月から東京本社で働く**ことになった**。
～ことはない	3	あなたは悪くないのだから、謝る**ことはない**よ。
～こともない	3	お腹がいっぱいなのに、無理に食べる**こともありません**よ。
●さ		
～さ	3	アルバイトを始めて、仕事の大変**さ**がわかった。
～最中(に)さいちゅう	3	シャワーを浴びている**最中に**、客が来た。
～際(に)さい	3	手続きに来られる**際に**、パスポートを必ずお持ちください。
～(で)さえ	3	最近忙しくて、昼ごはんを食べる時間**さえ**ない。
～さえ…ば	3	仕事**さえ**なけれ**ば**、私もコンサートに行くんだけどなあ。
～ざるを得ない	2	病気で仕事を辞め**ざるをえなかった**んです。
～される/～(さ)せられる	3	子どものころは、毎日、部屋を掃除**させられた**。
～しか…ない	3	私のことをこんなにわかってくれるのは、彼女**しかいません**。
～しかない	3	ここまで頑張ったんだから、最後までやる**しかない**よ。
～次第しだい	2	この仕事が終わり**次第**、次の仕事にとりかかることになっている。
～次第で	2	明日の天気**次第で**、どこに行くか決めよう。
～(に)したがって	3	上に行く**にしたがって**、気温が下がる。
自動詞	3	突然ドアが**開いて**びっくりした。
～じゃない(か)	3	人の宿題を写すなんて、だめ**じゃないか**。
～末すえ	2	いろいろ悩んだ**末**、会社をやめることにした。
～ずじまい	2	昨日のパーティーでは、話ばかりして何も食べ**ずじまい**だった。
～ずに	3	このケーキは砂糖を使わ**ずに**作りました。
～ずに(は)いられない	2	ちょっと高かったけど、買わ**ずにいられなかった**。
～せいで/だ	3	雨の**せいで**、試合が中止になった。
～(さ)せてください	3	その仕事はぜひ私に**させてください**。
～(さ)せてほしい	3	私にも一言言わ**せてほしい**。
～(さ)せてもらえますか	3	すみません、この電話、使わ**せてもらえますか**。
～(さ)せる	3	山田先輩は田中さんにビールを買いに行か**せた**。
～そうだ：伝聞でんぶん	3	医者に聞いた話では、インフルエンザがもう流行している**そうだ**。
～そうだ：様子	3	風が強くて、木が倒れ**そうだ**。
～そうにない/そうもない	3	この数日雨が続いていて、今日も晴れ**そうにない**。
●た		
～たあげく(に)	2	いろいろ悩ん**だあげく**、大学院に進むことにしました。
～たいものだ	2	私も、山田先生のように知識が豊富な教師になり**たいものだ**。
～だけ	3	朝食はバイキングなので、好きなものを好きな**だけ**食べられます。

～だけあって	2	いろいろ言う**だけあって**、田中さんはワインにすごく詳しい。
～だけでいい	3	この宿題**だけでいい**から、教えてくれない？
～だけでなく/じゃなく(て)	3	飛行機**だけでなく**、船にも乗った。
～だけに	2	選挙制度は、国の大きい問題**だけに**、そう簡単には変えられない。
～だけのことはある	2	さすが中国に3年いた**だけのことはあって**、鈴木さんは中国語がぺらぺらだ。
～だけまし	2	硬くてせまいベッド**だけれど**、寝られる**だけましだ**。
～たって/～だって	3	今から走っ**たって**間に合わない。
他動詞	3	先生が授業を**始めた**。
～たところ	3	デートを申し込ん**だところ**、あっさり断られてしまったんです。
～たばかりだ/ばかりの	3	引っ越し**たばかり**なので、まだ部屋に何もない。
～たび(に)	3	この川の側を通る**たびに**、ふるさとの川を思い出します。
～ため(に)/ためだ：原因	3	雪が降った**ために**、電車が遅れた。
～ために：目的	3	来年結婚する**ために**貯金しています。
～たら、かえって	3	急いでいたのでタクシーに乗っ**たら、かえって**時間がかかってしまった。
～たらいい	3	日本語がうまくなるには、どう**したらいい**ですか。
～だらけだ/だらけの	3	このレポートは間違い**だらけだ**。
～たらだめ	3	危ないから、池の近くで遊ん**だらだめ**だよ。
～たら(どう)？/たらどうですか	3	この本、おもしろいから読んでみ**たらどう**？
～たらよかった	3	漢字が書けない。学生のとき、もっと勉強し**たらよかった**。
～ちゃう／じゃう	3	このジュース、全部飲ん**じゃって**いい？
～ついでに	3	郵便局に行く**ついでに**、スーパーで買い物もしてこよう。
～っけ	3	明日は何時の待ち合わせだ**っけ**。
～っこない	2	こんなにたくさんの漢字、1日で覚えられ**っこない**。
～つつある	2	この問題について、人々の意識は変わり**つつある**。
～つつも	2	ダイエットしたいと思い**つつも**、甘いものがやめられない。
～って/～たって/～だって	3	今から走っ**たって**間に合わない。
～って：引用	3	ここに「禁煙」**って**書いてありますよ。
～って：伝聞	3	今、インフルエンザがはやってるん**だって**。
～っていうのは	3	「バツイチ」**っていうのは**、離婚経験が一回という意味です。
～っぱなし	3	一日中立ちっ**ぱなし**だったので、足が疲れた。
～っぽい	2	弟は飽き**っぽい**から、すぐ新しいものを欲しがる。
～つもりだった(のに)	3	早く起きる**つもりだったのに**、寝坊してしまった。
～てあげる	3	友達に授業のノートを貸し**てあげました**。
～てある	3	この傘、誰のだろう？　あっ、ここに名前が書い**てある**。

141

～ていく	3	このままの生活をしていたら、どんどん太って**いきますよ**。
～ていらい	2	ひろしさんは彼女と別れ**て以来**、元気がないね。
～ている：結果	2	私の両親も日本に留学して、同じ大学を卒業**している**んです。
～ている：現在	3	外に停まっ**ている**車は、友達のものです。
～ておく	3	授業の前に、必ず予習をし**ておいてください**。
～てくる	3	ちょっと買い物に行っ**てきます**。
～てくれる/ てくれない(かな)	3	悪いんだけど、ちょっと荷物を運ぶのを手伝っ**てくれないかな**。
～てくれる	3	田中さんが、旅行の写真を見せ**てくれた**。
～てこそ	2	人の宿題を写しても意味がないよ。自分でやっ**てこそ**、力がのびるんだ。
～て仕方(が)ない	3	あんな相手に負けて、悔しく**てしかたがない**。
～てしょうがない	3	そばでおしゃべりをされると、仕事がやりにくく**てしょうがない**。
～てたまらない	3	エアコンが使えないと、暑く**てたまらない**。
～てでも	2	わからないことがあったら、多少恥をかい**てでも**聞いたほうがいい。
～てならない	3	遠くに住んでいる母のことが心配**でならない**。
～ては(～ては)	2	東京は、降っ**ては**やみの毎日で、はっきりしない天気が続いている。
～てはかなわない	2	私が何でもできる人間だと思われ**てはかなわない**。
～てばかりいる/ てばかりだ	3	遊んで**ばかりいない**で、勉強しなさい。
～てはじめて	3	子供を持っ**てはじめて**、親のありがたさがわかった。
～てはだめ/ちゃだめ	3	ちゃんと朝ごはんを食べなく**てはだめ**だよ。
～ではないか	2	お年寄りのほうが負担額が大きいなんて、おかしいの**ではないか**。
～てほしい	3	帰ったら、電話をかけ**てほしい**。
～てほしいものだ	2	遅れるなら、きちんと連絡をし**てほしいものだ**。
～てまで	2	人に嘘をつい**てまで**勝ちたいとは思わない。
～てみせる	2	今度こそ、必ず優勝して**みせる**。
～てもさしつかえない	2	その資料なら、ほかの人に見せ**てもさしつかえありません**。
～ても仕方がない	3	電車が止まったのなら、遅れ**ても仕方がない**。
～てもしょうがない	3	もう結果は出たのだから、泣い**てもしょうがない**よ。
～てもらう	3	教科書を忘れてしまったので、となりの人に見せ**てもらった**。
～てもらえる/ もらえない(かな)	3	宿題がわからないんだけど、ちょっと教え**てもらえる**？
～てる	3	あそこで新聞を読ん**でる**人、知っ**てる**？
～といい	3	日本語がうまくなりたいなら、日本人と友達になる**といい**ですよ。
～というか～というか	2	主人は熱心**というか**、一つのことしかできない**というか**、好きなことを始めるとご飯も食べない。
～ということ/というの	3	テストは明日だ**ということ**を忘れないでください。

～ということは	2	夜までずっと雨**ということは**、今日のイベントは中止ですかね。
～というと	3	日本で人気のあるスポーツ**というと**、野球かサッカーだろう。
～というのに	3	明日から旅行に行く**というのに**、まだ準備が終わっていない。
～と(いうの)は	3	デジカメ**というのは**、デジタルカメラのことだ。
～というものだ	2	楽しいときもあれば悲しいときもある。それが人生**というものだ**。
～というものでもない	2	勝てばいい**というものでもない**。その中身が大切だ。
～というものは	2	子ども**というものは**、親のまねをするものです。
～といえば	2,3	日本**といえば**、やはり富士山が有名だ。
～といった	2	会議には、イギリスやフランス**といった**ＥＵ諸国も参加していた。
～といったら	3	ドイツの食べ物**といったら**、ソーセージがすぐ思い浮かぶ。
～といっても	3	春になった**といっても**、朝晩はまだ寒い。
[命令形]と言われる	3	父に、夏休みに国に帰って来い**と言われた**。
動詞の名詞化	3	今回の旅行は、**行き**はバス、**帰り**は新幹線にしました。
～とおり(に)/とおりだ	3	説明書の**とおりに**作ったが、うまくできなかった。
～とか	2	箱根**とか**、近くの温泉に行くのはどう？
～とか(…とか)	3	本棚**とか**テーブル**とか**、必要なものがたくさんある。
～とく	3	このビール、冷蔵庫に入れ**といて**。
～どころか	2	忙しくて、旅行に行く**どころか**、土日も仕事をしていました。
～ところだ	3	これからお風呂に入る**ところだ**。
～ところだった	3	あと少しで終わる**ところだった**のに、時間がなくなってしまった。
～どころではない	2	カラオケ？ ごめん、明日試験で、それ**どころじゃない**んだ。
～ところに/を/で	3	料理をしている**ところに**、電話がかかってきて困った。
～ところを見ると	2	にこにこしている**ところを見ると**、試験に受かったみたいだね。
～としたら	3	車を買った**としたら**、どこに行きたいですか。
～として	3	キムさんは、留学生の代表**として**スピーチをした。
～として～ない	2	事故から10年になりますが一日**として**思い出さ**ない**日はありません。
～としても	3	食事に行く**としても**、時間がないので40分くらいしか行けません。
～とする(と)	3	家賃が１カ月８万円だ**とすると**、１年でいくら必要になるだろう。
～とすれば	3	引っ越す**とすれば**、新しくて広いところがいい。
[命令形]と頼まれる	3	山下さんに、田中さんのメールアドレスを教えてくれ**と頼まれた**。
～(と)ともに	3	経済の発展**とともに**、人々の暮らしも豊かになっていきました。
～となると	2	本のタイトルも著者もわからない**となると**、調べようがない。
～とはいうものの	2	だいぶ話せるようになってきた**とはいうものの**、知らない人と電話で話すのはまだ不安だ。
～とは限らない	3	たくさん練習すれば優勝する**とは限らない**。
どんな～でも	3	**どんなに**便利**でも**、うるさい場所には住みたくない

基本文型一覧

●な

～ない限り	2		値段をもう少し下げ**ない限り**、売れないと思う。
～ないかのうちに	2		私がそう言ったか言わ**ないかのうちに**、彼女は泣き出した。
～ないことには	2		ここを片づけ**ないことには**、何も置けない。
～ないことはない/ないこともない	2,3		相手は強いけど、頑張れば勝て**ないことはない**。
～ないではいられない	2		この曲を聴くと、歌わ**ないではいられなく**なるんです。
～ないと：条件	3		よく見**ないと**、間違えるよ。
～ないと：義務・必要	3		明日から新しい教科書を買うから、今日買わ**ないと**。
～ないものか	2		何かもっと簡単に漢字が覚えられる方法は**ないものか**。
～ながら	2		僕の部屋は１階で、小さい**ながら**庭も付いています。
～なきゃ	3		明日までにレポートを書か**なきゃ**。
～なく(っ)ちゃ	3		あ、もう８時だ。そろそろ出かけ**なくっちゃ**。
～(く)なる/(に)なる	3		暖かく**なって**、あちこちに桜の花が見られるようになった。
～なんか	3		休みの日は、渋谷や原宿**なんか**によく行きます。
～なんて：意外	3		あの二人が結婚する**なんて**、驚いた。
～なんて：軽視	3		うわさ**なんて**、みんなすぐに忘れるよ。
～にあたって	2		進路を決める**にあたって**、親とは何度も話し合った。
～において	3		卒業式は３月20日、学生ホール**において**行われる。
～に応じて	2		人数**に応じて**、いろいろなパーティープランが選べます。
～における	2		現在、トンネル内**における**衝突事故の影響で、５キロの渋滞になっています。
～に限って	2		困ったなあ。急いでいるとき**に限って**、こういう事故が起こるんだから。
～に限らず	3		トマト**に限らず**、野菜なら何でも好きです。
～に限り	3		平日**に限り**、駐車料金は無料です。
～にかわって/かわり	3		病気の母**に代わって**、姉がお弁当を作ってくれた。
～に関して/関する	3		この事件**に関して**、新しい情報が入りました。
～に決まっている	3		紙に書いても、忘れる**に決まっている**。
～に比べ(て)	3		まじめな兄**に比べて**、弟は遊んでばかりいます。
～に加えて	3		土曜日は、アルバイト**に加えて**ボランティア活動もしている。
～にこしたことはない	2		多分ミスはないと思うけど、もう一度確認する**にこしたことはない**。
～に応えて	2		彼は、ファンの期待**に応えて**大活躍した。
～に際して(は)	2		登録**に際しては**、以下のものが必要になります。
～に先だって	2		会議**に先立って**、社長からあいさつがあった。
～にしたがって	3		先生の指示**にしたがって**、実験を行った。
～にしたところで	2		携帯の使用を禁止**にしたところで**、どれくらいの生徒が従うかわからない。
～にしては	2,3		初めて**にしては**上手ですね。

文型	レベル	例文
～にしても	2	遅れて来る**にしても**、電話一本連絡を入れるべきだ。
～にしろ（～にしろ）	2	親**にしろ**、友達**にしろ**、みんな結婚を反対した。
～にすぎない	3	高校に進学しない人は、5％以下**にすぎない**。
～にすれば	2	彼**にすれば**冗談のつもりでも、彼女はすごく傷ついている。
～に相違ない	2	発見された資料は、当時のもの**に相違ない**と発表された。
～に沿って	2	この川に**沿って**まっすぐ行くと、駅です。
～に対して/対する：対象	3	彼は女性**に対して**とても優しい。
～に違いない	3	私の傘がない。誰かが持っていった**に違いない**。
～について/ついての	3	日本の祭り**について**調べた。
～につき	2	現在工事中**につき**、通行ができません。
～につけ	2	こういう悲しいニュースを聞く**につけ**、胸が痛む。
～につれて	3	経済の発展**につれて**、農家の数は減っていった。
～にとって	3	私**にとって**、彼女はまるで母親のような存在だ。
～にともなって/ともない/ともなう	3	町の人口が増えるの**にともなって**、駅周辺もにぎやかになってきた。
～には：目的	3	コンサート会場に行く**には**、バスが便利です。
～には及ばない	2	スタッフがいますから、心配**には及びません**。ご安心ください。
～に反して	3	予想**に反して**、テストの結果はとても悪かった。
～にほかならない	2	このプロジェクトが成功したのは、A社の協力があったから**にほかならない**。
～にもかかわらず	2	雨**にもかかわらず**、大勢の人が来てくれました。
～に基づいて/基づき	2,3	これは、アンケート調査**に基づく**データです。
～によって/よる：原因・手段	3	大雨**によって**、多くの家が被害を受けた。
～によって/よる：違い	3	店**によって**値段が違います。
～によると	3	ニュース**によると**、その事故でけがをした人はいなかったそうです。
～によれば	3	友達の話**によれば**、その映画はあまりよくないそうです。
～にわたって/わたる	3	皆様には5年**にわたって**お世話になりましたが、いよいよ国に帰ることになりました。
～抜いて	2	優勝するには、これから5試合を勝ち**抜いて**いかなければなりません。
～抜きで	2	今回の調査で、小学生の約1割が朝食**抜きで**学校に来ていることがわかった。
～の：動作をする者	3	久しぶりに母**の**作った料理が食べたい。
～の：名詞化	3	ピアノを弾く**の**が好きです。
～の上で	2	電話番号をよくお確かめ**の上で**、おかけください。
～のこと	3	来週のパーティー**のこと**だったら、田中さんに聞くといいよ。
～のことだから	3	まじめな田中さん**のことだから**、宿題はきちんとやってくれるだろう。
～のだ	2	毎日少しずつ勉強してきたからこそ、こうして合格できた**のです**。

基本文型一覧

文型	レベル	例文
～のではないだろうか	3	お互いの文化を理解し合うことが、何よりも大切な**のではないだろうか**。
～のに：逆接	3	さっきご飯を食べたばかりな**のに**、もうお腹がすいてきた。
～のに：目的	3	このはさみは、料理で野菜を切る**のに**使っています。
～のに対して：対比	3	母が優しい**のに対して**、父はとても厳しい。
～のみならず	2	私達の結婚に対しては、親**のみならず**友達も反対した。
～のも当然だ	3	そんなひどいことをしたら、彼が怒る**のも当然だ**。
～のもとで	2	先生**のもとで**勉強できて、本当によかったです。
～のようだ/な/に：例示	3	田中さん**のように**毎日運動すれば、健康になりますよ。
～のような/ように：例え	3	今日は暖かくて、まるで春**のようだ**。

● は

文型	レベル	例文
～ば～ほど	3	先生の説明を聞け**ば**聞く**ほど**、わからなくなってきた。
～ば…のに	3	昨日のカラオケ、リーさんも来たらよかった**のに**。
～ばいい	3	食べたくないなら、食べなけれ**ばいい**。
～ば(いい)と思う	3	だれかいい人と出会えれ**ばと思って**、パーティーに行った。
～ばかり/ばかりだ	3	2週間前に日本に来た**ばかりです**。
～ばかりか	2,3	今の会社は、仕事がおもしろくない**ばかりか**、給料も安いんです。
～ばかりか…も/まで	3	あの人の話は、時間がかかる**ばかりか**、内容もわかりにくくて困る。
～ばかりでなく/じゃなく(て)	3	肉**ばかりでなく**、野菜も食べなさい。
～ばかりに	2	私が連絡しなかった**ばかりに**、みんなに迷惑をかけてしまった。
～はさておき	2	値段**はさておき**、とてもおいしかった。
～はずがない	3	勉強が大好きな彼女が、学校を辞める**はずがない**。
～はずだ	3	かばんをここに置いた**はず**なのに、見つからない。
～はというと	2	彼女は料理がとても上手だが、私**はというと**、カレーぐらいしか作れない。
～はともかく	2	内容**はともかく**、なんとか締め切りまでにレポートが仕上がった。
～はもとより	2	味**はもとより**、サービスもすごくよかったです。
～ばよかった	3	こんなことなら、もっと勉強していれ**ばよかった**。
～反面	3	娘が結婚することになり、嬉しい**反面**、寂しい気持ちもある。
～べきだ	3	人に何か頼むときは、もっと丁寧に頼む**べきだ**。
～ほど：程度の例	3	お礼に、リンゴを20個**ほど**送りました。
～ほど…はない	3	彼女**ほど**動物が好きな人**はいない**。
～ほど(は)…ない	3	日本の冬も寒いが、ロシアの冬**ほどは寒くない**。

● ま

文型	レベル	例文
～まい	2	何があっても、言い訳だけはする**まい**と思っていました。
～ますように	3	今度こそ、1級に合格し**ますように**。

～まで	3	そんな新しいものまで捨てちゃうの？　もったいない！
～までして	2	徹夜までして勉強したのに、問題が予想と全然違ってた。
～までに	3	金曜日までに、レポートを仕上げないといけない。
～まま/ままだ	3	疲れていて、電気をつけたまま寝てしまった。
～ままにする	3	わからないことがあったらそのままにしないで、私に聞いてください。
～ままになる	3	連絡すると言いながら、忙しくて、そのままになってしまった。
～みたいだ/な/に：例え	3	あの男の人、まるでゴリラみたいな顔をしている。
～みたいだ：推量	3	隣の人は、しばらく旅行に行っているみたいです。
～もかまわず	2	周りが見ているのもかまわず、二人は抱き合って喜んだ。
～もしない	2	急いでいて、よく中身を確かめもしないで買ってしまった。
～もの/もん	3	人間だもの、失敗するときもあるよ。
～ものか	3	こんなサービスの悪い店、二度と来るものか。
～ものがある	2	いつも来ていたこの店がなくなると思うと、寂しいものがある。
～ものだ	3	仲間が困っていたら手伝うものだよ。当然でしょ。
～ものだから/ですから	3	友達が遊びに来たものだから、勉強しないで遊んでしまった。
～ものではない	3	〈親が子に〉人の悪口を言うものじゃありません。
～ものなら	2	やり直せるものなら、もう一度、高校時代に戻りたい。
～ものの	2	仕事を引き受けたものの、経験がないので自信がない。
～もんか	3	あんな人に、私たちの気持ちがわかるもんですか！
●や		
～やら～やら	2	引っ越しやら友達の結婚式やらで、今月は忙しいんです。
～ようだ/な/に：例え	3	この子の手、すごく冷たくて、まるで氷のようです。
～ようだ：推量	3	ベルを鳴らしても誰も出てこない。どうやら留守のようだ。
～（よ）うと思う/思っている	3	来年の7月にN1の試験を受けようと思っています。
～（よ）うとしない	3	彼は全然、私の話を聞こうとしなかった。
～（よ）うとする	3	ミスを隠そうとしたその会社に、世間からの批判が集中した。
～よう(に)：忠告	3	試験の前に、よく復習しておくように。
～ように：目的	3	来年、イタリアに旅行できるように、今から貯金しておこう。
～ように言う	3	先生は、30ページから40ページまで読んでおくように言った。
～ように感じる/見える/思う	3	最近の若者は、昔に比べると大人しくなったように感じる。
～ようにする	3	健康のために、野菜を食べるようにしています。
～ようになっている	3	このバッグ、ここに携帯電話が置けるようになっている。
～ようになる	3	私の母は50歳の時に初めて泳げるようになった。
～ようものなら	2	店長は厳しいから、遅刻なんかしようものなら、すごく怒られるよ。

●ら		
〜らしい：推測	3	どうやらあの二人は別れた**らしい**。
〜らしい：性質	3	彼も就職して半年が経ち、だんだん社会人**らしく**なってきた。
〜(ら)れる：受身	3	昨日、夜遅くに帰ったら、親にすごく怒**られた**。
〜られる：可能動詞	3	休みの日はゆっくりテレビが見**られる**ので、嬉しい。
●わ		
〜わけ(が)ない	3	お金が全然ないんだから、家なんか買える**わけがない**。
〜わけだ	3	このエアコン、20年前のか……。壊れる**わけだ**。
〜わけではない/じゃない	3	料理が作れない**わけじゃない**が、忙しいからあまり作らない。
〜わけにはいかない	3	明日は試験だから、寝坊する**わけにはいかない**。
〜わりに	3	彼女はアメリカに留学していた**わり**には、英語があまり上手ではない。
〜を契機に	2	結婚**を契機に**、東京に住むことになりました。
〜をこめて	3	平和への願い**をこめて**、この歌を作りました。
〜を通じて/通じた	3	子どもたちはスポーツ**を通じて**、いろいろなことを学ぶことができます。
〜を通して	3	この国は一年**を通して**暑い。
〜を通して/通した	3	彼女とは、先輩**を通じて**知り合いました。
〜を問わず	2	男女**を問わず**、能力の高い人を募集しています。
〜を抜きに	2	A社の協力**を抜きに**して、この仕事はできない。
〜を除いて/除き	3	特別な場合**を除いて**、メールでの相談は無料です。
〜をはじめ(として)	2	この大会には、前回優勝のブラジル**をはじめ**、16の国が参加している。
〜をめぐって/めぐる	2,3	駅前の土地の開発**をめぐって**、住民が対立している。
〜をもとに(して)/もとにした	3	中国での調査**をもとに**、論文を書いた。
〜んじゃない？	3	もう遅いから、帰ったほうがいい**んじゃない**？
〜んだった	2	〈試験のあと〉こんなことなら、もっとよく勉強しておく**んだった**。

PART 3

模擬試験
もぎしけん

第1回　模擬試験

問題1 次の文の（　　）に入れるのに最もよいものを、1・2・3・4から一つ選びなさい。

[1] 信じようが（　　）君の勝手だけどね。彼がイギリスに留学するのは本当だよ。
　　1　信じないと　　　　　　　　2　信じようと
　　3　信じなかろうが　　　　　　4　信じまいが

[2] 親があれこれ言うのは、あなたのことを心配していれば（　　）だからね。
　　1　から　　　2　こそ　　　3　だけ　　　4　さえ

[3] 実際に使ってみて、古いものには古いもの（　　）良さがあるということがわかった。
　　1　とて　　　2　によらず　　　3　ならでは　　　4　なりに

[4] 今後さらに、現地の実態（　　）支援活動が望まれる。
　　1　に即した　　　2　に則って　　　3　にあって　　　4　にたえる

[5] この小説が映画化される（　　）、その原作だけでなく、彼のほかの作品も売れるようになった。
　　1　に及んで　　　2　に至るまで　　　3　にとどまらず　　　4　にして

[6] 今回の展示では、A社社長が収集した100点（　　）日本画のコレクションも見られる。
　　1　まである　　　2　からなる　　　3　からする　　　4　までの

[7] 父が事業に失敗してしばらくは生活が大変だったようで、母によると、辛いこと（　　）そうだ。
　　1　まみれだった　　　　　　　2　をものともしなかった
　　3　にたえなかった　　　　　　4　ずくめだった

[8] 温泉のただ券をもらったので、ここぞ（　　　　）休みをとって温泉を楽しんできた。
　　1　といわず　　　　2　ときたら　　　　3　とばかりに　　　4　といったら

[9] 同じ寮に住んでいるので、けんかした後でも顔を合わせず（　　　　）。
　　1　にはすまない　　2　にはならない　　3　じまいだ　　　　4　にはおかない

[10] あの映画、出演者も（　　　　）ストーリーがいい。
　　1　きわまりなく　　2　よそに　　　　　3　さることながら　4　さておいて

問題2　次の文の　★　に入る最もよいものを1・2・3・4から一つ選びなさい。

[11] 寝る間も惜しんで働いたから　____　____　★　、____　そうではないと思う。
　　1　あるか　　　　　2　今の成功が　　　3　というと　　　　4　必ずしも

[12] 選手たちは　____　____、★　____。
　　1　練習に　　　　　2　寒さ　　　　　　3　励んだ　　　　　4　をものともせず

[13] ____　____　★　、____　わからない。
　　1　のやら　　　　　2　さっぱり　　　　3　聞いていい　　　4　どの窓口で

[14] ____　____　★　____　にはあんな高級そうな寿司屋には行けない。
　　1　普通の会社員　　2　部長くらいの人　3　知らず　　　　　4　ならいざ

[15] 重い病気で苦しむ子供たちが　____　____　★　____。
　　1　少しでも　　　　2　願って　　　　　3　減ることを　　　4　やみません

問題3 次の文章を読んで、16 から 20 の中に入る最もよいものを、1・2・3・4から一つ選びなさい。

　　ビジネスマンやOLの間で「朝活(あさかつ)」がブームになっている。早起きをして、出勤前や休日の朝の時間を活用しようとする取り組みのことである。例えば、個人で行う「朝活」は、ジョギングやヨガなどのスポーツや家事、インターネットで情報収集することなどが挙げられる。また、勉強会や読書会など、他の人と一緒に行う「朝活」もある。 16 は、20代前半〜30代前半のビジネスマンやOLが中心となり、英語、時事問題、起業などのテーマで行われるので、仕事に直結する実践的な朝活と言える。後者は、カフェでお茶を飲みながら、文学作品などについて語り合うもので、こちらは学生から中高年まで幅広い年齢層が参加し、本好きの仲間たちとリラックスした時間を過ごすものである。

　　では、「朝活」のメリットは何であろうか。まず、早起きをして日光を浴びることで、目覚めがすっきりし、体にいいリズムを与えられる点である。そして、朝活でエンジンをかけることで、始業時に仕事に全力モードで入っていくことができる。また、予定変更なく自分磨きができるという点も挙げられる。仕事帰りにヨガや英会話レッスンなどの予約を入れた場合、急な仕事や飲み会などで 17 ことが起こる。しかし、朝の早い時間だと、そうした思わぬ事態を避けられるのである。

　　では、なぜ多くの人が「朝活」に取り組んでいるのだろうか。要因の一つに、 18 から、この不況の中で何とか生き抜こうとして自分磨きをするビジネスマンが増えていることが挙げられるだろう。 19 、いつ会社が潰れたり、解雇されたりするかわからないという不安がつきまとい、資格を取るための勉強会に参加するなり、人脈を作るなりしようとしているのである。また、自分の時間を大切にしよう、人生をもっと楽しもうという意識を持つ人が増えているのも要因として挙げられる。

　　早起きは 20 ではない。早く起きて手に入れた時間を活用してこそ、意味があるのである。あなたならこの時間をどのように活用するだろうか。

| 16 | 1 一つ　　2 一方　　3 前者　　4 自分 |

| 17 | 1 キャンセルを余儀なくされる　　2 リフレッシュできる |
| | 3 同僚や上司と交流できる　　　　4 残業手当がもらえる |

18	1 会社は自分たちに休暇をくれないという心理
	2 会社には頼れないという心理
	3 その会社に残業が多くて大変だという心理
	4 会社には相談できる相手がいなくて不安だという心理

| 19 | 1 就職しようと　　　　　　2 就職したがゆえ |
| | 3 就職しながらにして　　　4 就職したところで |

| 20 | 1 目的　　2 手段　　3 自慢　　4 習慣 |

第2回　模擬試験

問題1　次の文の（　　　）に入れるのに最もよいものを、1・2・3・4から一つ選びなさい。

1. そんなにお礼を言われても困る。私は友達として当然のことをした（　　　）。
    1　にたえない　　　　　　　　2　までのことだ
    3　というところだ　　　　　　4　だろうに

2. たとえ行きたくなくても、恩師の誘いだから（　　　）と思うよ。
    1　行くにはあたらない　　　　2　行くしまつだ
    3　行くべくもない　　　　　　4　行かざるを得ない

3. 生徒のいじめに加わるなんて、教師として（　　　）行為であり、絶対に許されない。
    1　あるまじき　　　　　　　　2　するごとき
    3　するかいもない　　　　　　4　ならではの

4. 息子は「行ってきます」と言う（　　　）、走って出て行った。
    1　と思いきや　　2　までもなく　　3　かたわら　　4　が早いか

5. みんなが頑張っているときにそんなことを言うなんて、無神経（　　　）。
    1　にはあたらない　　　　　　2　極（きわ）まりない
    3　を余儀（よぎ）なくされる　　4　に越（こ）したことはない

6. 彼のレポートはあまりに間違いが多くて、読む（　　　）。
    1　にたえない　　2　ときりがない　　3　べからざる　　4　にかたくない

7. スピーチコンテストに学校代表で出場する人は、山田さん（　　　）ほかにいない。
    1　に及（およ）ばす　　2　を限りに　　3　に至（いた）って　　4　をおいては

8. 旅行に行ったら、その土地（　　　）料理を食べることしている。
    1　あっての　　2　ながらの　　3　ならではの　　4　からある

9 長い間勤めてきましたが、今日（　　　　）退職することになりました。
　1　に限って　　　2　を限りに　　　3　を皮切りに　　　4　にとどまらず

10 だめだ、もうバスが来てる！　今から（　　　　）もう間に合わない。
　1　走ったところで
　2　走るや否や
　3　走ってでも
　4　走るともなると

問題2　次の文の　★　に入る最もよいものを1・2・3・4から一つ選びなさい。

11 苦労してやっと開催できた展覧会＿＿＿、＿＿＿　★　＿＿＿。
　1　かたくない　　2　彼の感激は　　3　想像に　　4　とあって

12 A大学の教授＿＿＿、＿＿＿　★　＿＿＿してくれるだろう。
　1　我々の疑問を　2　ともなれば　　3　ふまえた　　4　解説を

13 今回の受賞は、母に与えられる＿＿＿＿＿　★　＿＿＿ありません。
　1　と言っても　　2　もの　　3　べき　　4　過言では

14 彼女を見ると、緊張と＿＿＿＿＿　★　＿＿＿だった。
　1　何も言えず　　2　恥ずかしさが　　3　あいまって　　4　じまい

15 昔の人は、王の墓を＿＿＿＿＿、　★　＿＿＿岩を何年もかけて運んだ。
　1　からある　　2　がため　　3　作らん　　4　100万個

問題3 次の文章を読んで、16 から 20 の中に入る最もよいものを、1・2・3・4から一つ選びなさい。

　暑い夏がやってきた。夏の高校野球の季節である。真夏の空の下、地方大会の予選を勝ち抜いた高校生たちが各都道府県の代表となり、地元の期待を背負って甲子園球場に集まる。そして、計4000校に上る全国の高校の頂点を目指して戦うのだ。特に、決勝戦や上位8チームまで勝ち残った高校の選手は、その夏のヒーローになる。そして、その中には甲子園のヒーロー 16 、プロ野球界からスカウトされ、プロ選手として活躍する者も出てくる。

　普段野球に興味がなくても、高校野球だけは応援するという人も多い。自分の出身都道府県の代表校を応援することで、郷土愛がくすぐられるのかもしれない。そういうこともあって、自分の地元の高校が負けると興味がなくなる人も多いが、私は地元の高校の成績 17 、優勝が決まるまでテレビの前を離れられない。出場している高校の数だけドラマがあり、一つ一つの試合にかけるさまざまな思いがある。高校生たちが一生けん命戦う姿が感動させず 18 のだ。

　さらに、今年はいつ 19 私をテレビの前にとどまらせるものがあった。それは、被災地の代表の高校の活躍だ。家を失い、学校が避難所となり、家族を失った人もいる。練習よりも復興へ向けてのボランティア活動を優先した学校も少なくなく、練習も思うようにできずにいた。そんな彼らが、被災者の希望と 20 ひたむきに戦っている姿を見て胸が熱くなった。結局、彼らは上位に進むことはできなかったが、応援席に笑顔で手を振る姿を見て、さわやかな感動を覚えたのだった。

| 16 | 1 とばかりに　2 にとどまらず　3 だろうに　4 といえども |

| 17 | 1 のいかんによらず　2 をよそに　3 をふまえて　4 にそくして |

| 18 | 1 にやまない　2 にとどまらない　3 にはおかない　4 にかたくない |

| 19 | 1 にもまして　2 にひきかえ　3 とあいまって　4 といわず |

| 20 | 1 なるがゆえに　2 なるてまえ　3 なってしかるべき　4 なるべく |

索引

※五十音順。数字はページ数。

●あ●

〜あっての	88
〜以外の何ものでもない	36
〜いかんだ	18
〜いかんで	18
〜(の)いかんにかかわらず	19
〜いかんによって	18
〜(の)いかんによらず	19
〜(の)いかんをとわず	19
〜(よ)うが	20
〜(よ)うが…(よ)うが	21
〜(よ)うが…なかろうが	21
〜(よ)うが…まいが	20
〜(よ)うと	20
〜(よ)うと…(よ)うと	21
〜(よ)うと…まいと	20
〜(よ)うにも…ない	27
〜うと	20
〜うにも…ない	27

●か●

〜かいがある	92
〜かいがない	92
〜かいなか	114
〜かいもなく	93
〜がかかせない	89
〜かぎりだ	126
〜かたがた	118
〜かたわら	118
〜がてら	119
〜かというと	54
〜(か)と思いきや	54
〜かのごとく	71
〜が早いか	58

〜がゆえ(に)	52
〜からある	68
〜からする	69
〜からなる	68
〜きらいがある	83
きりがない	99
〜きわまりない	86
〜きわまる	86
〜ごとき	70

●さ●

〜ざるを得ない	41
〜始末だ	98
〜ずくめ	74
〜ずじまい	55
〜ずにはおかない	82
〜ずにはすまない	82
〜すら	106
〜(する)なり	58
〜そばから	59
〜そびれる	55

●た●

〜たが最後	43
〜だけ(は)	32
〜だけに	32
〜だけまし	33
〜たところで	124
〜だに	106
〜だにしない	107
〜だの…だの	114
〜たりとも…ない	107
〜たるもの	31
〜だろうに	102

～つ…つ	80
～であれ…であれ	113
～てしかるべき	46
～てでも	45
(これが)～でなくてなんだろう	41
～ては	80
～ではあるまいし	53
～てはいられない	99
～てはかなわない	100
～手前（てまえ）	23
～てみせる	45
～てやまない	97
～とあいまって	75
～とあって	52
～とあれば	23
～といい…といい	113
～というか…というか	112
～というところだ	125
～といえども	21
～といったところだ	125
～といったら	101
～といってもかごんではない	36
～といわず…といわず	113
～(も)同然（どうぜん）	72
～(か)と思（おも）いきや	54
～ときたら	101
～ところを	124
～とて	30
～となると	24
～とは	102
～とはいえ	111
～とばかりに	79
～とも	22
～ともあろうものが	31
～ともなく	81
～ともなしに	81
～ともなると	24
～ともなれば	24

● な ●

～ない(もの)でもない	122
～ないではおかない	82
～ないともかぎらない	127
～ないまでも	35
～ながら(に/にして/の)	78
～ながら(も)	78
～なくして(は)…ない	88
～なくはない	40
～なくもない	40
～なしに(は)	43
～ならいざ知（し）らず	110
～ならでは(の)	53
～(する)なり	58
～なり…なり	112
～なりに	30
～なりの	30
～にあって(は/も)	64
～に至（いた）って(は)	60
～に至（いた）るまで	61
～に及（およ）ばず	108
～に及（およ）んで	61
～にかかっている	19
～にかぎったことではない	127
～にかたくない	42
～にこしたことはない	37
～にして	63
～にしては	63
～に即（そく）した	50
～に即（そく）して	50
～に堪（た）えない[評価]	90
～に堪（た）えない[感情]	96
～に堪（た）える	90
～に足（た）る	91
～にとどまらず	60
～に則（のっと）って	51
～にのぼる	69
～(の)にひきかえ	111

～にもまして	109
～によらず	64
～(を)ぬきには…ない	89
～(の)いかんにかかわらず	19
～(の)いかんによらず	19
～(の)いかんをとわず	19
～の至り	87
～のきわみ	87
～のごとき	70
～のごとく	70
～のなんの	102
～(の)にひきかえ	111
～(の)やら	103

● は ●

～はいざ知らず	110
～はおろか	109
～ばこそ	24
～はさておき	110
～ばそれまでだ	35
～はめになる	98
～ぶる	73
～べからざる	47
～べからず	47
～べく	44
～べくもない	46

● ま ●

～まじき	47
～まで(のこと)だ	34
～までもない	34
～まみれ	74
～めく	72
～もさしつかえない	42
～もさることながら	108
～(も)同然	72
～ものを	122

● や ●

～や否や	59
～(の)やら	103
～(よ)うが	20
～ようがない	26
～(よ)うが…うが	21
～(よ)うが…なかろうが	21
～(よ)うが…まいが	20
～(よ)うと…うと	21
～(よ)うと…まいと	20
～(よ)うにも…ない	27
～ようもある	26
～ようもない	27
～をかぎりに	126
～を皮切りに(して)	61
～を禁じ得ない	96
～(を抜きには)…ない	89
～を踏まえた	51
～を踏まえて	51
～をもちまして	50
～をもって	50
～をものともせず	123
～を余儀なくされる	83
～をよそに	64
～んがため(に)	44

N1 言語知識（文字・語彙・文法）・読解 解答用紙

N1 文法 実戦練習（A-1〜A-4）解答用紙

問題 1						9	①	②	③	④
1	①	②	③	④		10	①	②	③	④
2	①	②	③	④		問題 2				
3	①	②	③	④		1	①	②	③	④
4	①	②	③	④		2	①	②	③	④
5	①	②	③	④		3	①	②	③	④
6	①	②	③	④		4	①	②	③	④
7	①	②	③	④		5	①	②	③	④
8	①	②	③	④						

N1 文法 実戦練習（A-5〜A-8）解答用紙

問題 1						9	①	②	③	④
1	①	②	③	④		10	①	②	③	④
2	①	②	③	④		問題 2				
3	①	②	③	④		1	①	②	③	④
4	①	②	③	④		2	①	②	③	④
5	①	②	③	④		3	①	②	③	④
6	①	②	③	④		4	①	②	③	④
7	①	②	③	④		5	①	②	③	④
8	①	②	③	④						

N1 文法 実戦練習（A-9〜A-12）解答用紙

問題 1						9	①	②	③	④
1	①	②	③	④		10	①	②	③	④
2	①	②	③	④		問題 2				
3	①	②	③	④		1	①	②	③	④
4	①	②	③	④		2	①	②	③	④
5	①	②	③	④		3	①	②	③	④
6	①	②	③	④		4	①	②	③	④
7	①	②	③	④		5	①	②	③	④
8	①	②	③	④						

N1 文法 実戦練習（B-1〜B-3）解答用紙

問題 1						9	①	②	③	④
1	①	②	③	④		10	①	②	③	④
2	①	②	③	④		問題 2				
3	①	②	③	④		1	①	②	③	④
4	①	②	③	④		2	①	②	③	④
5	①	②	③	④		3	①	②	③	④
6	①	②	③	④		4	①	②	③	④
7	①	②	③	④		5	①	②	③	④
8	①	②	③	④						

N1 文法 実戦練習（B-4〜B-6）解答用紙

問題 1						9	①	②	③	④
1	①	②	③	④		10	①	②	③	④
2	①	②	③	④		問題 2				
3	①	②	③	④		1	①	②	③	④
4	①	②	③	④		2	①	②	③	④
5	①	②	③	④		3	①	②	③	④
6	①	②	③	④		4	①	②	③	④
7	①	②	③	④		5	①	②	③	④
8	①	②	③	④						

N1 文法 実戦練習（C-1〜C-4）解答用紙

問題 1						9	①	②	③	④
1	①	②	③	④		10	①	②	③	④
2	①	②	③	④		問題 2				
3	①	②	③	④		1	①	②	③	④
4	①	②	③	④		2	①	②	③	④
5	①	②	③	④		3	①	②	③	④
6	①	②	③	④		4	①	②	③	④
7	①	②	③	④		5	①	②	③	④
8	①	②	③	④						

N1 文法 実戦練習（C-5〜C-7）解答用紙

問題 1						9	①	②	③	④
1	①	②	③	④		10	①	②	③	④
2	①	②	③	④		問題 2				
3	①	②	③	④		1	①	②	③	④
4	①	②	③	④		2	①	②	③	④
5	①	②	③	④		3	①	②	③	④
6	①	②	③	④		4	①	②	③	④
7	①	②	③	④		5	①	②	③	④
8	①	②	③	④						

N1 文法 実戦練習（D-1〜D-4）解答用紙

問題 1						9	①	②	③	④
1	①	②	③	④		10	①	②	③	④
2	①	②	③	④		問題 2				
3	①	②	③	④		1	①	②	③	④
4	①	②	③	④		2	①	②	③	④
5	①	②	③	④		3	①	②	③	④
6	①	②	③	④		4	①	②	③	④
7	①	②	③	④		5	①	②	③	④
8	①	②	③	④						

N1 文法 実戦練習（E-1～E-3）解答用紙

問題 1				
1	①	②	③	④
2	①	②	③	④
3	①	②	③	④
4	①	②	③	④
5	①	②	③	④
6	①	②	③	④
7	①	②	③	④
8	①	②	③	④
9	①	②	③	④
10	①	②	③	④

問題 2				
1	①	②	③	④
2	①	②	③	④
3	①	②	③	④
4	①	②	③	④
5	①	②	③	④

N1 文法 実戦練習（F-1～F-3）解答用紙

問題 1				
1	①	②	③	④
2	①	②	③	④
3	①	②	③	④
4	①	②	③	④
5	①	②	③	④
6	①	②	③	④
7	①	②	③	④
8	①	②	③	④
9	①	②	③	④
10	①	②	③	④

問題 2				
1	①	②	③	④
2	①	②	③	④
3	①	②	③	④
4	①	②	③	④
5	①	②	③	④

N1 文法 実戦練習（F-4～F-5）解答用紙

問題 1				
1	①	②	③	④
2	①	②	③	④
3	①	②	③	④
4	①	②	③	④
5	①	②	③	④
6	①	②	③	④
7	①	②	③	④
8	①	②	③	④
9	①	②	③	④
10	①	②	③	④

問題 2				
1	①	②	③	④
2	①	②	③	④
3	①	②	③	④
4	①	②	③	④
5	①	②	③	④

N1 文法 実戦練習（G-1～G-3）解答用紙

問題 1				
1	①	②	③	④
2	①	②	③	④
3	①	②	③	④
4	①	②	③	④
5	①	②	③	④
6	①	②	③	④
7	①	②	③	④
8	①	②	③	④
9	①	②	③	④
10	①	②	③	④

問題 2				
1	①	②	③	④
2	①	②	③	④
3	①	②	③	④
4	①	②	③	④
5	①	②	③	④

N1 文法 第1回模擬試験 解答用紙

問題 1				
1	①	②	③	④
2	①	②	③	④
3	①	②	③	④
4	①	②	③	④
5	①	②	③	④
6	①	②	③	④
7	①	②	③	④
8	①	②	③	④
9	①	②	③	④
10	①	②	③	④

問題 2				
11	①	②	③	④
12	①	②	③	④
13	①	②	③	④
14	①	②	③	④
15	①	②	③	④

問題 3				
16	①	②	③	④
17	①	②	③	④
18	①	②	③	④
19	①	②	③	④
20	①	②	③	④

N1 文法 第2回模擬試験 解答用紙

問題 1				
1	①	②	③	④
2	①	②	③	④
3	①	②	③	④
4	①	②	③	④
5	①	②	③	④
6	①	②	③	④
7	①	②	③	④
8	①	②	③	④
9	①	②	③	④
10	①	②	③	④

問題 2				
11	①	②	③	④
12	①	②	③	④
13	①	②	③	④
14	①	②	③	④
15	①	②	③	④

問題 3				
16	①	②	③	④
17	①	②	③	④
18	①	②	③	④
19	①	②	③	④
20	①	②	③	④

●著者

有田聡子（ありた　さとこ）
広島大学大学院修了。タイ・アユタヤラチャパット大学講師を経て、現在、HIA日本語学校非常勤講師。

大久保理恵（おおくぼ　りえ）
広島大学大学院修了。現在、岡山大学非常勤講師。

北村優子（きたむら　ゆうこ）
広島大学大学院修了。元マレーシア・マラヤ大学講師。

高橋尚子（たかはし　なおこ）
広島大学卒。タイ・チェンマイラチャパット大学講師を経て、熊本外語専門学校講師。

レイアウト・DTP　　ポイントライン
カバーデザイン　　滝デザイン事務所

日本語能力試験問題集　N1文法スピードマスター

平成23年（2011年）　10月10日　　初版第1刷発行
令和5年（2023年）　　4月10日　　　　第6刷発行

著　者　有田聡子／大久保理恵／北村優子／高橋尚子
発行人　福田富与
発行所　有限会社　Jリサーチ出版
　　　　〒166-0002　東京都杉並区高円寺北2-29-14-705
　　　　電話　03(6808)8801(代)　FAX　03(5364)5310
　　　　編集部　03(6808)8806
　　　　https://www.jresearch.co.jp
印刷所　大日本印刷株式会社

ISBN 978-4-86392-072-9　禁無断転載。なお、乱丁、落丁はお取り替えいたします。
© Satoko Arita, Rie Ookubo, Yuko Kitamura, Naoko Takahashi 2011　Printed in Japan

日本語能力試験問題集　N1文法スピードマスター

解答／ことばと表現

解答

●ウォーミングアップ

	第1回	第2回	第3回	第4回	第5回	第6回	第7回
1	1	2	2	1	4	1	2
2	3	1	4	1	3	3	1
3	3	2	1	3	2	2	2
4	2	2	1	2	3	4	1
5	2	3	1	3	4	2	4
6	4	3	2	1	3	2	3
7	3	4	4	2	1	4	2
8	3	1	1	1	4	2	4
9	4	3	3	2	1	3	2
10	4	1	1	1	2	3	1

●ドリル

A

A-1　1 a　2 a　3 b　4 b
　　　5 a　6 a　7 b　8 b

A-2　1 a　2 a　3 a　4 a
　　　5 b　6 b　7 a　8 a

A-3　1 b　2 a　3 b　4 a
　　　5 a　6 a　7 a　8 a

A-4　1 a　2 b　3 a　4 b
　　　5 a　6 a　7 a　8 b

A-5　1 a　2 b　3 b　4 a
　　　5 b　6 a　7 a　8 a

A-6　1 a　2 a　3 a　4 a
　　　5 b　6 a　7 a　8 a

A-7　1 a　2 a　3 b　4 a
　　　5 a　6 a　7 a　8 a

A-8　1 b　2 a　3 b　4 b
　　　5 b　6 a　7 a　8 b

A-9　1 a　2 a　3 a　4 a
　　　5 a　6 b　7 b　8 a

A-10　1 b　2 b　3 a　4 a
　　　5 a　6 a　7 b　8 a

A-11　1 b　2 b　3 a　4 b
　　　5 a　6 a　7 a　8 b

A-12　1 a　2 a　3 b　4 a
　　　5 b　6 a　7 a　8 b

B

B-1　1 a　2 a　3 a　4 b
　　　5 a　6 b　7 b　8 a

B-2　1 a　2 a　3 a　4 b
　　　5 a　6 a　7 a　8 a

B-3　1 b　2 a　3 b　4 b
　　　5 b　6 a　7 a　8 a

B-4　1 b　2 b　3 a　4 a
　　　5 a　6 a　7 a　8 a

B-5	1 b	2 b	3 a	4 a
	5 b	6 a	7 a	8 b
B-6	1 a	2 b	3 a	4 a
	5 b	6 b	7 b	8 a

C

C-1	1 a	2 a	3 a	4 a
	5 a	6 b	7 b	8 b
C-2	1 a	2 b	3 b	4 a
	5 b	6 a	7 a	8 a
C-3	1 a	2 b	3 a	4 a
	5 a	6 a	7 a	8 b
C-4	1 b	2 b	3 a	4 a
	5 b	6 b	7 a	8 a
C-5	1 a	2 b	3 a	4 b
	5 a	6 b	7 a	8 a
C-6	1 b	2 b	3 a	4 a
	5 a	6 a	7 a	8 a
C-7	1 a	2 a	3 b	4 a
	5 b	6 a	7 a	8 b

D

D-1	1 a	2 b	3 b	4 a
	5 a	6 a	7 a	8 a
D-2	1 a	2 a	3 a	4 a
	5 a	6 a	7 b	8 a
D-3	1 b	2 a	3 a	4 b
	5 a	6 a	7 a	8 b
D-4	1 a	2 a	3 b	4 a
	5 a	6 a	7 b	8 a

E

E-1	1 b	2 a	3 a	4 b
	5 a	6 b	7 b	8 a
E-2	1 b	2 a	3 a	4 b
	5 a	6 b	7 a	8 b
E-3	1 a	2 b	3 a	4 a
	5 a	6 a	7 b	8 b
	9 b	10 a		

F

F-1	1 b	2 a	3 b	4 b
	5 a	6 b	7 a	8 a
F-2	1 a	2 a	3 a	4 a
	5 b	6 a	7 b	8 b
F-3	1 b	2 a	3 a	4 b
	5 a	6 b	7 a	8 a
F-4	1 b	2 b	3 b	4 a
	5 a	6 a	7 b	8 b
	9 a	10 a		
F-5	1 b	2 a	3 a	4 a
	5 b	6 b	7 b	8 a

G

G-1	1 a	2 b	3 a	4 b
	5 b	6 a	7 a	8 b
G-2	1 b	2 a	3 b	4 a
	5 b	6 b	7 a	8 a
G-3	1 b	2 a	3 a	4 b
	5 a	6 a	7 a	8 a

●「文章問題」にチャレンジ！

問題1　① 1　② 2　③ 4

問題2　① 2　② 4　③ 4

● 実戦練習

第1回 (A1-4)

問題1	
1	3
2	2
3	3
4	3
5	2
6	4
7	4
8	2
9	3
10	1

問題2	
1	3
2	3
3	1
4	4
5	2

第2回 (A5-8)

問題1	
1	4
2	1
3	2
4	3
5	4
6	1
7	1
8	2
9	1
10	4

問題2	
1	4
2	1
3	4
4	3
5	2

第3回 (A9-12)

問題1	
1	1
2	3
3	2
4	1
5	3
6	2
7	4
8	1
9	1
10	2

問題2	
1	4
2	3
3	2
4	4
5	4

第4回 (B1-3)

問題1	
1	2
2	2
3	3
4	3
5	2
6	1
7	4
8	2
9	3
10	3

問題2	
1	4
2	3
3	4
4	2
5	2

第5回 (B4-6)

問題1	
1	1
2	2
3	4
4	2
5	2
6	2
7	1
8	1
9	3
10	2

問題2	
1	1
2	3
3	2
4	4
5	2

第6回 (C1-4)

問題1	
1	3
2	1
3	1
4	2
5	4
6	1
7	2
8	3
9	3
10	4

問題2	
1	3
2	2
3	1
4	1
5	1

第7回 (C5-7)

問題1	
1	2
2	3
3	1
4	4
5	1
6	3
7	2
8	1
9	3
10	4

問題2	
1	4
2	4
3	2
4	1
5	4

第8回 (D1-4)

問題1	
1	1
2	3
3	3
4	1
5	3
6	4
7	1
8	2
9	3
10	2

問題2	
1	1
2	2
3	2
4	1
5	4

第9回（E1-3）

問題1

1	3
2	4
3	1
4	1
5	1
6	4
7	2
8	3
9	4
10	3

問題2

1	4
2	4
3	2
4	1
5	4

第10回（F1-3）

問題1

1	1
2	3
3	2
4	3
5	2
6	4
7	1
8	2
9	2
10	2

問題2

1	3
2	4
3	3
4	1
5	2

第11回（F4-5）

問題1

1	2
2	3
3	1
4	1
5	4
6	2
7	2
8	1
9	2
10	3

問題2

1	1
2	2
3	4
4	1
5	2

第12回（G1-3）

問題1

1	2
2	1
3	4
4	3
5	1
6	1
7	2
8	4
9	1
10	4

問題2

1	3
2	1
3	1
4	1
5	3

● 模擬試験

第1回

問題1

1	4
2	2
3	4
4	1
5	1
6	2
7	4
8	3
9	1
10	3

問題2

11	3
12	1
13	1
14	3
15	2

問題3

16	3
17	1
18	2
19	4
20	1

第2回

問題1

1	2
2	4
3	1
4	4
5	2
6	1
7	4
8	3
9	2
10	1

問題2

11	3
12	3
13	1
14	1
15	4

問題3

16	2
17	1
18	3
19	1
20	4

ことばと表現

P.19
〜にかかっている

例文 3
続編：本や映画などで、前の作品に続けて出されるもの。

P.21
〜といえども

例文 3
私物化：本来、みんなが共有するものを自分個人のものにしてしまうこと。

例文 4
尊重：とても価値のあるものとして大切に扱うこと。

P.26
〜ようがない

例文 1
体調：体の調子。

P.27
〜ようもない

例文 2
どかす：人や物を、そこから別の所に移すこと。

〜うにも…ない

例文 3
手掛かり：問題を解決するための材料やヒント。

P.31
〜たるもの

例文 1
良識：正しく、普通に、知識や判断力を持っていること。

〜ともあろうものが

例文 2
けしからん：ルールや常識、礼儀に反して良くない、許せない。

P.36
〜と言っても過言ではない

例文 1
傑作：すぐれた作品。

P.38
実戦練習

問題1 5
追突：ほかの車が後ろから突き当たること。

P.41
〜ざるを得ない

例文 3
高騰：値段が高く上がること。

〜でなくて何だろう

例文 1
尊い：とても価値があること。

P.42
〜にかたくない

例文 1
衝撃：ものが激しく当たること、強い感動を与える激しい刺激。

P.45

> ドリル

3
ニーズ：要求、必要、需要。

8
手を尽くす：いろいろな手段を試みること。

P.46

> ～べくもない

例文❶
多忙を極める：これ以上ないくらい忙しい様子。

P.47

> ～べからず

例文❷
初心忘(れ)るべからず：物事を始めたときの気持ちを忘れてはいけない（慣用句）。

P.50

> ～をもって

例文❺
法案：法律の案。

P.53

> ～ならでは(の)

例文❶
本場：あるものの主な産地。あるものが盛んに行われることで知られる所。

P.60

> ～に至って(は)

例文❹
復旧：壊れたり正常に働かなくなったりしたものを元の状態に戻すこと。

P.61

> ～に至るまで

例文❷
情勢：変化する物事の、その時々の様子。

> ～に及んで

例文❷
独裁：特定の個人や一部の人間がすべての権力を握って支配すること。集団の中の一人の考えで物事をすべて決めること。

P.64

> ～にあっては(は/も)

例文❷
接触する：人とかかわりを持つこと。

P.66

実戦練習

問題1　8
原発：原子力発電所。

P.79

> ～とばかりに

例文❸
反撃：攻められていた状態から、逆に、攻撃に転じること。

P.86

> ～極まる

例文❶
補償：ある人に生じた損害や費用負担などを補うこと。

P.87

> ～の極み

例文❶
盛大な：会が立派で大規模な様子。

P.87

〜の極み

例文 2
暴動：人々が集まって暴力的な行動を起こすこと。

〜の至り

例文 1
光栄：行動を褒められて、名誉に思うこと。

ドリル

4
うっとうしい：邪魔だ、うるさい。不快な気分で気持ちが晴れない。

P.89

〜が欠かせない

例文 3
ワクチン：病気の感染を防ぐために使う薬。

〜(を)抜きには…ない

例文 2
村上春樹：日本の人気作家。

ドリル

7
過労：働きすぎの状態。

P.90

〜に堪える

例文 1
材質：材料の性質。

P.93

ドリル

6
光熱費：電気やガスを使う費用。

P.95

実戦練習

問題1　10
手塚治虫：日本の漫画史上最大の作家。

問題2　4
わたくしども：わたしたち。

P.96

〜に堪えない

例文 2
犠牲者：事故や災害などでけがをしたり亡くなったりした人。

例文 3
感謝の念：感謝の気持ち

P.107

〜だにしない

例文 3
微動だにしない：かすかに動くこともない。